KB111299

해태 타이거즈와 김대중

김은식 지음

해태 타이거즈와 김대중

2009년 4월 20일 초판 1쇄 발행
2009년 8월 18일 초판 3쇄 발행

지은이 김은식
펴낸이 이상규
편집인 김훈태
미디어 홍보 김욱영
마케팅 이선숙, 조계숙, 강옥례, 김수정, 김창숙
관리 조종환, 김순호
디자인 디자인발전소 02-3143-0511
펴낸곳 이상미디어
등록번호 209-90-85645
등록일자 2008.09.30
주소 서울시 성북구 정릉동 667-1 4층
대표전화 02-913-8888 **팩스** 02-913-7711
E-mail leesangbooks@gmail.com
ISBN 978-89-961680-5-8

해태 타이거즈와 김대중

김은식 지음

이상

해태 타이거즈를 기억하는 모든 이들에게
이 책을 바친다.

머리말

가장 약한 자들의 영웅을 추억하며

무등 경기장에 섰다. 볼품없이 바래지다 못해 마르고 갈라져 벗겨진 도색 틈으로 드러난 못생긴 콘크리트 벽. 그라운드에 깔린 인조잔디의 원색이 주책없는 노인의 입술에 칠해진 새빨간 립스틱을 떠올리게 할 만큼 호들갑스럽고 경망스럽다. 광주의 거친 바람을 맞으며 견뎌온 40년의 세월보다도 훨씬 겉늙은 허름함. 그러나 누구든 그곳의 내력을 떠올리며 눈을 감아보면, 알 수 없는 떨림이 묵직하게 마음을 흔드는 곳.

대한민국에서 가장 큰 도시는 서울이었고, 서울이며, 서울일 것이다. 그리고 대한민국에서 정치, 경제, 사회, 문화적 자원들이 가장 많이 섭취되고 소화되며 배설되는 곳 역시 서울이다. 그러나 1980년 5월 이후 대한민국의 심장은 광주였다. 서울의 10분의 1에 불과한 작은 도시 광주의 5월은, 대한민국이 그저 고깃덩어리가 아니라 피가 돌고 맥박이 뛰는 생명체일 수 있게 해준 힘찬 박동이었다.

1980년 5월 18일부터 27일까지 열흘 동안, 독재종식과 민주주의 회복을 외치며 공수부대원들의 모진 매질과 총질 앞에 나서 쓰러지고 발가벗겨져 수모를 당하고 암매장 당했던 광주의 피눈물은 역사가 되고 전설이 되어 흘러드는 곳마다 잠든 양심을 깨우고 풀죽은 열정에 불을 지폈다. 정부에 의해 공식적으로 확인된 것만도 191명의 뼈와 피가 묻히고 스며든 뜨거운 땅, 빛고을 광주.

그 열흘 사이에서도 5월 20일은 각별한 의미를 갖는 날이었다. 그날은 어쩌면 아직 어린 객기와 혈기를 누르지 못한 대학생들의 돌팔매질에 불과했을 저항이 날을 세운 공수부대원들의 곤봉과 군홧발에 뭉개지고 짓이겨져 기어이 피를 보고 새파랗게 질려가던 무렵이었다. 기껏해야 전투경찰의 최루가스와 몽둥이찜질, 그리고 연행과 훈방 정도를 각오하고 있었을 젊은이들은 얼룩무늬 공수부대원들이 휘두르는 개머리판과 대검에 난자당한 채 무릎을 꿇고 있었고, 민주화의 열망은 허망하게 사그라지려 하는 상황이었다.

바로 그 때 광주 시내의 버스와 택시기사 백여 명이 무등 경기장으로 모여들었고, 그들은 자신들이 몰고 시내를 누비던 차를 앞세우고 도청 앞으로 나아갔으며, 그 행렬은 시민 전체의 이름과 힘으로 공수부대원들을 몰아내며 거대한 역사의 불길을 댕기는 신호탄이 되었다. 그래서 지금도 광주의 운전기사들이 '민주기사의 날'로 기억하고 기념하는 바로 그날, 그 거대한 전조등과 클랙션의 행렬이 처음 모여 서고, 출발했던 곳이 바로 무등 경기장이었던 것이다.

그러나 무등 경기장은 또 다른 의미에서도 대한민국의 심장이었다. 바로 80년대와 90년대 한국 프로야구의 전설 해태 타이거즈가 홈구장으로 썼던, 뜻 그대로 '호랑이 소굴'로 불리던 그곳이기 때문이다.

창단해서 매각되기까지 20년 동안, 그리고 특히 1983년부터 1997년 사이의 15년 동안 아홉 번 한국시리즈에 진출해 8할의 승률을 기록하며 아홉 번 모두 우승했던 팀. 여섯 명의 정규시즌 MVP와 46명의 골든글러브 수상자를 배출했고, 공수 주요부문(다승, 평균자책점, 탈삼진, 구원 / 타율, 홈런, 타점, 도루) 타이틀 수상자만 46명을 배출했던 팀. 어떤 기준으로 보나 역대 최강이었던 팀, 해태 타이거즈.

하지만 해태 타이거즈를 한국의 뉴욕 양키스나 요미우리 자이언츠, 혹은 한국의 레알 마드리드라고 부르는 것은 당치 않다. 해태 타이거즈는 그들과 정반대로 리그에서 가장 빈약한 재정지원을 받는 팀이었으며 대한민국에서 정치경제적으로 가장 소외된, 아니 무참하게 짓밟혀온 호남에 연고를 두는 팀이었기 때문이다. 그리고 그들의 야구는, 그저 야구에 불과한 것이 아니었기 때문이다.

죽음의 공포가 길게 드리운 채 몇 사람만 모여 앉아도 정보기관원의 뱀 같은 시선을 느끼며 숨죽여야 했고, 해가 뜨면 내 가족, 내 친구의 피가 얼룩진 거리 위에서 또다시 비굴하고 피곤한 삶의 좌판을 벌여야 했던 광주 시민들. 그들에게 무등 경기장은 유일하게 수천 명이 모여앉아 목이 터져라 함성을 질러볼 수 있는 곳이었고, 그들에게 해태 타이거즈는 서러운 패배와 차별의 굴레를 벗고 승리의 희열과 부러움의 눈길을 느낄 수 있게 해주는 유일한 탈출구였다. 그래서 해태 타이거즈가 이기고 이기고 또 이겨 최강의 자리에 오를 때마다 무등 경기장의 관중석에서는 시원한 함성이 터졌고, 감격의 눈물이 흘렀다. 그리고 바위처럼 꼭 뭉쳐 가슴을 짓누르던 응어리가 풀어지느라 그랬는지, 진주알처럼 단단하게 다져지느라 그랬는지 알 수 없는 서러운 피눈물이 다시 흘렀다.

그 시절, 나는 인천에 살았고, 광주에서 군인들이 무고한 시민들을 다치게 했다는 유언비어를 흘리고 다니는 '간첩'을 보면 꼭 신고해서 포상금을 타야겠다고 생각하는 초등학생이었으며, 모든 면에서 해태 타이거즈와는 멀찍이 떨어진 궤적을 밟아갔던 전설의 꼴찌 팀 삼미 슈퍼스타즈의 어린이 회원이었다. 더구나 지금도 해태 타이거즈의 진정한 라이벌은 삼미 슈퍼스타즈였다는 악다구니로 듣는 이들을 어이없게 만들며, 지금은 아무도 기억하지 못하는 '광주대첩'에 관한 이야기로 술자리 분위기를 깨곤 하는 사람이기도 하다.

광주대첩. 광주시민들의 표독스런 응원에 질려버린 삼미 슈퍼스타즈가 해태 타이거즈에 3연패하며 딱 한 번의 우승기회를 날려버렸던 1983년 6월 7, 8, 9일의 3연전이야말로 연전연승의 광주야구와 연전연패의 인천야구가 엇갈려선 결정적이고도 안타까운 순간. 비정한 운명의 장난만 아니었다면 이후의 야구 역사를 반대편으로 흐르게 할 수도 있었던 한 순간이라고 믿으며, 그 순간을 떠올릴 때마다 아직도 가슴 한끝이 아려오는 것을 느끼곤 한다. 그래서 아직 인천에 머물던 시절의 현대 유니콘스가 막강한 돈의 힘을 빌어 드디어 첫 우승을 이루어냈던 1998년, IMF의 한파를 정면으로 맞고 산산 조각나버린 채 저 발밑에 쓰러져 있던 해태 타이거즈를 보며 복수의 희열을, 그러나 왠지 허무한 한숨을 내쉬어야 했던 기억도 가진 사람이다.

그래서 광주 팬이건, 인천 팬이건, 혹은 야구팬이건 아니건, 이 글을 읽으면서 얼마나 공감을 할지는 알 수 없다. 이 글은 아주 특이한 경로로 특이한 팀을 응원하며 해태 타이거즈에게 특이한 적개심을 품었다가, 다시 특이한 방식으로 그리워하는 내 마음의 흔적이기 때문이다.

그러나 약한 자들의 나약함을 상징했던 삼미 슈퍼스타즈와, 약한 자들의 강인함을 상징했던 해태 타이거즈는 어쩌면 한 몸의 두 성질을 잘라 나누어 가진 N극과 S극의 자석처럼, 기억 속에서 묘하게 일치되고 상반되는 이란성 쌍둥이 같은 존재가 아닌가도 싶다. 어찌 되었건, 그들이 야구팀으로서 밟아간 강자와 약자로서의 상반된 운명과는 별개로 80년대와 90년대를 살아간 '강자'들이 도저히 정을 붙일 수 없었던 철저한 '약자들의 팀'으로 삼미와 해태의 공통점을 모을 수도 있지 않겠는가 싶어서다.

그래서 80년대와 90년대를 지나며 '최고'와 '최강'을 꿈꾸었으나 '어쩔 수 없는 현실의 벽'을 경험하며 '주제파악'과 '먹고 사는 일의 위대함을 깨달아가는 삶'을 살아가는 이들이라면, 이 책에 적어놓은 것들이 아주 낯선 이야기들은 아닐 거라고 믿는다. 최강이었지만 가장 약한 자들의 영웅이었으며 돈 앞에 무릎 꿇고 사는 모든 이들의 가슴에 아련히 남아 있는 야구팀, 사라지고 없는 해태 타이거즈를 기억하는 모든 이들에게 이 글을 바친다.

차례

1980년의 봄,
춘래불사춘春來不似春

1979년. 일곱 살이었던 내가 한 살만 더 먹으면 누나들처럼 책가방 메고 학교엘 갈 수 있다는 설렘과 조바심에 내내 들떠 있었던 그 해 가을, 내가 태어나기 전부터, 아니 내 어머니와 아버지 사이에 혼담이 오가기도 훨씬 전부터 우리나라의 대통령이었던 박정희가 총애하던 부하의 총에 맞아 쓰러졌다. 그리고 유치원 대신 다니던 동네 미술학원에서 그 날 내가 그린 그림이, 울부짖는 시민들로 가득한 세종로를 사관생도들의 호위 속에 가로질러 떠나가는 대통령의 영구차였을 만큼 세상의 공기는 무거웠다. 곧 김일성이 휴전선을 넘어 밀고 내려와 전쟁이 터질 거라고 수군대는 사람도 있었지만, 꼭 전쟁이 아니더라도 곧 무슨 일이 벌어질 것만 같은 불안감은 고작 일곱 살 난 아이도 느낄 수 있을 만큼 무겁게 거리마다 흘러 다니고 있었다.

실제로 그 해 겨울에는 전쟁이 벌어졌다. 그러나 총성이 울린 곳은 휴전선이 아니라 서울 한복판이었고, 총을 겨눈 것은 똑같은 전투복 차림으로 뒤엉킨 국군과 국군이었다. 이십 년 전 박정희가 그랬듯, 전두환이라는 '별 두 개짜리' 군인이 사관생도 시절부터 애지중지 키워왔던 후배들을 이끌고 한강을 건너 대북 비상경계태세 중이던 국군 지휘부로 쇄도했다. 최전선을 지키던 사단장 친구들이 전방 사단병력들을 이끌고 뒤로 돌아 서울로 진격했고, 공수여단장을 하던 후배들은 특전사령관을, 헌병대에 몸을 담고 있던 후배들은 헌병감을, 그렇게 각자 지휘관을 사로잡아 선배에게 바쳤다. 결국 서릿발 같은 계엄령 상황의 군 지휘부는 한 줌의 젊은 장교들 손에 녹아들었고, 나는 새도 떨어뜨리던 국방부 장관과 육군참모총장은 졸지에 포승줄에 묶인 채 반란의 주역으로 내몰렸다.

한강 다리가 끊어진 것도, 날벼락처럼 폭격의 융단이 깔린 것도 아니었다. 그리고 기나긴 피난길이 이어지지도 않은, 아니 대부분의 사람들이 미처 알아채지도 못한 하룻밤 사이에 지나간 조용한 진동일 뿐이었다. 그러나 그 하룻밤 소란은 우리 몸속에서 작은 폭탄으로 터져 낮고 깊게 울렸고 파편은 혈관을 따라 역사의 곳곳으로 박혀 들었다. 물론 그때는 그런 자세한 사정까지야 알 수 없는 일이었고, 그것이 곧 몰고 올 일파만파의 파문까지야 상상하기 힘들었지만 말이다.

1980년 봄, 나는 학교에 들어갔고, 세상은 다시 밝고 가벼워졌다. 매일 아침 책가방을 싸고 신발주머니 빙빙 돌려대며 논과 밭, 구멍가게와 전자오락실과 만화방들을 가로질러 삼십 분쯤 학교까지 걸어가서 받아쓰기와 덧셈뺄셈을 배우고, 방과 후 어느 친구네 집에 놀러 가서 딱지치기와 팽이 돌리기를 할 것인가를 고민하기에도 나의 삶은 분주했다. 그리고 세상은 세상대로 또 한 명의 영웅을 만들기에 바쁜 듯했다. '박정희'가 아니면 누구의 이름과도 어울릴 수 없을 것 같던 '대통령'이라는 단어는 그런대로 '전두환'이라는 이름과 붙여놓아도 어색하지 않은 것 같았고, 들리는 바에 의하면 그 역시 박정희 못지않게 훌륭한 사람이라고 했다.

고작 초등학교 1학년짜리 아이가 그 해 가을 어느 날 방송 3사의 TV로 중계 방송된 '예비 대통령' 육군대장 전두환의 전역식을 처음부터 끝까지 유심히 지켜봤다는 사실이 지금 생각하면 기이한 일이기도 하다. 하지만 그 때 방송국 아나운서가 또박또박 읽어 내려가던 멘트의 한 단락이 지금도 나의 기억 속에 남아 있는 것은 어찌된 영문일까.

"오늘 전역하는 전두환 장군은, 어린 시절 어머니에게 학용품을 사기 위해 필요하다는 거짓말로 10원을 얻어내 눈깔사탕을 사먹어 본 적이 있지만 그 뒤로는 단 한 번도 거짓말을 해본 적이 없다고 고백했을 정도로 정직한 군인이며… 그런 정직하고 능력 있는 지도자를 만나게 된 것은 오늘날 하늘이 우리 국가와 민족에게 내린 또 한 번의 행운이라고 할 수 있습니다."

미리 정해져 있던 절차인 듯, 그날의 행사가 끝난 뒤 군복을 벗고 양복으로 갈아입은 그 대머리 아저씨는 또 한 번 방송 3사를 통해 중계 방송된 행사에 등장해 대통령 취임선서를 했다. 그리고 그 정직함과 유능함과 청렴함에 대한 강조와 예찬은 초등학교 1학년짜리 꼬마의 귀에마저 못이 박히도록 거듭되었다.

저녁 아홉 시를 알리는 시보의 '땡' 소리에 이어 어김없이 '전두환 대통령 각하는'으로 시작 되는 뉴스가 이어지던 그 시절, 그렇게 수많은 아나운서, 그리고 보이지 않는 곳에서 꿋꿋이 일했을 작가, 기술자, 군인, 경찰, 공무원, 그 밖의 많은 이들의 활약 덕분에 세상은 점점 더 밝아졌고 정돈되었다.

하루아침에 동네 불량배들부터 간이역 벤치에 널브러져 술주정을 부리던 철없는 아저씨들까지, 동네 사람들의 골칫거리들을 '삼청교육대'라는 곳으로 분리수거한 뒤 '확실히' 정신교육을 시켜줌으로써 찬사가 쏟아졌다. 또 어느 날에는 수십 년간 부정부패를 일삼으며 국민들의 고혈을 빨아 한 몫씩 재산을 챙겨두었더라는 정치인과 기업인들을 파헤쳐내 줄줄이 몰아냈다는 소식으로 다시 찬사를 받았다. 또 심심치 않게 정치변동기의 빈틈을 노리고 파고들었다던 간첩들을 잡아내 든든함과 경각심을 동시에 알리며 가슴을 쓸어

내리게 하기도 했다. 그리고 몇 년 후 아시안게임과 올림픽을 서울에서 개최하기로 결정되었다는 소식이 전해졌다. 전 국민은 앞으로 서울 거리에서 무수히 만나게 될 외국인 손님들에게 자랑스러운 내 조국을 소개하기 위한 생활영어 학습열풍에 빠져들었다. 그리고 그렇게 찾아오실 손님들 보여드리기 부끄러운 달동네와 노점상 따위 흉물들을 과감하게 쓸어내 쾌적한 거리 환경을 조성하기도 했다.

거리 곳곳에는 '정의사회구현'이라는 문구가 나붙었고* 환하게 웃으며 어딘가를 가리키는 어느 예쁜 소녀의 얼굴 사진이 도배되었으며, 역시 예나 지금이나 나와 관계없는 비루한 목숨 몇보다는 훨씬 중요한 경제가 다시 상승곡선을 그리기 시작했다. 모든 것이 다 순조롭게 돌아갔고, 동네 구멍가게 앞 평상에 앉아 김치를 안주 삼아 밀가루 막걸리를 마시던 할아버지들이 부채 파닥이며 말씀하시곤 했다.

"그저 조선 놈들은, 군인들이 확 잡고 강하게 다스려야 제대로 굴러가는 거여…"

* 전두환 대통령 각하께서 만드신 정당의 이름은, 그 분 성격이 그대로 드러나는 민주'정의'당이었다. 아, 그 때는 그냥 그랬는데… 지금 떠올리자니 배트맨이나 슈퍼맨의 얼굴이 겹쳐 어른거리는 당명이라니.

김소위 그리고 광주에 대한 소문

매주 토요일마다 텔리비전 '9번(KBS)'에서 방송되던 〈전우〉라는 반공 전쟁드라마가 있었다. 70년대 후반에 '나시찬'이라는 멋진 이름의 배우를 주연으로 삼아 한동안 인기를 끌었었는데, 나시찬이 지병으로 촬영 중에 세상을 뜨자 몇 해 뒤 80년대 초반에 원편에서 그의 부하 역으로 출연했던 강민호를 주연으로 격상시켜 다시 한번 만들어지기도 했었다. 인천상륙작전에 성공한 직후를 배경으로 해서 북쪽으로 도망치는 북괴군들을 추격해 곳곳에서 극적인 전투를 벌여 통쾌한 승리를 쟁취해내던 어느 국군 소대의 활약상이 주된 내용이었다(아마도 배우를 동원하는 문제 때문이었을 테지만, 드라마에 등장하는 것은 항상 '소대'가 아닌 '분대'였다).

그 시절 초등학교에 막 입학할 무렵의 동네 남자 아이들이 만화

영화보다도 더 좋아했던 드라마라고 한다면 그 재미와 인기를 다 설명할 수 있을까? 철모를 덮은 위장망과 전투복 주머니 곳곳에 꽂아 넣은 나뭇잎과 두 뺨에 칠해진 숯 검댕이, '돌격 앞으로!'라는 우렁찬 함성 소리에 따라 무아지경으로 돌진해 벌이는 장엄한 육박전, 그리고 위기의 순간 이빨로 안전핀을 물어뜯은 다음 비장한 표정으로 던져 넣어 일거에 전세를 뒤집어내는 수류탄까지. 그 모든 모양과 몸짓 하나하나는 요즘 어느 아이돌스타의 패션과 춤 못지않은 그 시절 골목의 트렌드였고 열풍이었다.

어쨌든 그 무렵, 화채를 만들어 먹고 남은 수박껍질을 머리에 뒤집어쓴 채 동네 뒷산에서 낮은 포복이라도 한 번 하고 와야 버릴 수 있었던 것이 그 드라마 때문이었다. 그리고 명절에 만난 친척 아저씨가 아직 초등학교도 못 들어간 나에게 어느 대학에 갈 거냐고 물을 때마다 육군사관학교라고 힘주어 답하곤 했던 것도 박정희 장군과 전두환 장군이 아닌, 나시찬과 강민호가 연기한 '김소위'때문이었다.

그저 무작정 찍어 누르는 것만으로 입 다물고 꼼짝 못하게 얽어맬 수 없는 것이 인간인지라, 천하에 무지막지한 강권도 어떤 문화의 옷을 입고서야 지배자의 위치에 오를 수 있다. 7,80년대 군사정권기라는 시절도 돌아보면 살벌한 총칼의 위협과 함께 그런 달콤한 포장지로 감싸진 이야기들로 이루어져 있었다.

돌아보면 고등학생들이 얼룩무늬 전투복에 베레모를 쓰고 학교

운동장에서 열을 맞춰 적군의 목과 콩팥을 '찌르고 돌려서 빼고 찍는' 총검술 동작을 익히며 법정수업 시간을 채워야 했던 시절은 글로 적는 것만으로도 아찔하다. 그뿐인가. 초등학생(국민학생이라 불렸던)만 되어도 철마다 오와 열을 맞춰 행진하다가 반장의 우렁찬 '우로 봐' 구호에 따라 단상의 교장선생님을 향해 거수경례를 하는 분열대회를 하며 절도와 패기와 단결심을 배우고 단련해야 했던 시절이고, 어디 바닷가 마을에서 간첩이라도 잡히는 날이면 전교생이 흰 머리띠 하나씩 두르고 운동장에 모여 서서 어린이 회장의 낭랑한 선창 구호에 맞추어 하늘로 그야말로 고사리 같은 주먹 휘두르며 '공산당을 무찌르자', '김일성을 때려잡자' 구호를 외치는 '궐기대회'를 해야 했던 시절이 아니던가.

그러나 다른 한 편, 동네 꼬마들이 동네 골목에서 교련복 바지 차림으로 돌아다니는 형들이 그렇게 멋있어 보여 하루빨리 고등학생이 되고 싶어 했던 시절이기도 했다. 그리고 분열대회 1등을 먹기 위해 선생님이 시키지 않아도 반마다 수업이 끝난 뒤 운동장 이 구석 저 구석에 남아 반장의 지휘 아래 바락바락 '하낫, 둘, 하낫, 둘'을 외쳐대며 팔다리에 알이 배도록 열심을 냈던 것도 그 시절이었다. 그렇게 군복의 얼룩무늬는 그 시절에 나고 자란 세대들에게 참 끔찍했던 기억과 따스했던 기억을 함께 되살리는 묘한 상징이다. 군인이란 언제고 변덕 나면 달려들어 불문곡직 억울한 백성들의 숨통을 끊어놓곤 했던 산짐승 같은 두려움이기도 했지만, 그 시절 태어나 자랐던 소년소녀들에게 가슴 떨리는 영웅이며 따뜻한 삼촌이었고, 총과 칼이란 동경과 선망의 상징이었으며 신나는 장난감이기도 했다.

1984년, 혹은 1985년. 어느 토요일 종례시간에 담임선생님은 '가정통신문'을 나눠주며 '위험한 놀이를 하지 말고, 어머니를 도와드리며, 예습 복습을 철저히 하고 건강하고 밝은 모습으로 월요일 등교를 준비하라'는 늘 같은 이야기에 더해 특별한 당부 한 가지를 덧붙였다.

> "요즘, 몇 년 전 저기 남쪽 전라도 광주에서 국군 아저씨들이 선량한 시민들에게 총을 쏴서 많은 사람들을 다치게 하고 죽게 했다는 헛소문을 퍼뜨리는 사람들이 있다고 한다. 그런 사람들은 간첩이거나 간첩에게 포섭된 사람들이니까, 만나거나 보면 반드시 경찰서나 학교로 신고를 해야 한다."

그 순간, 선생님이 말씀하시던 그 '나쁜 사람들'에 대해 내가 진심으로 분노를 느꼈고, 내 손으로 그들을 꼭 잡아야(아니 신고해야)겠다는 결심을 하면서 떠올렸던 얼굴 역시 아마도 '김소위'였을 것이다. 예쁜 여자배우만 등장했다 하면 어느 으슥한 곳으로 유인해내 야비한 웃음을 흘리며 달려들고, 참 착하게 생긴 할머니와 할아버지만 나오면 식량을 내놓으라거나 아들이 숨은 곳을 대라는 억지를 부리며 거칠게 밀어 넘어뜨리고 무지막지한 따발총 개머리판으로 짓이겨 놓던 그 뱀같이 징그러운 인민군 장교를 결정적 순간마다 나타나 번번이 퇴치해주던 김소위. 그리고 자신의 한 목숨을 돌보지 않고 불쌍한 한 명의 전쟁 고아를 살리기 위해 새까맣게 달려들던 중공군들*의 역습 앞에 기꺼이 몸을 던지던 그 김소위 말이다. 그래서 일 년에 한 번 숙제로 받은 위문편지를 쓰려고 그 모습을 떠올릴 때마다 새삼 '민족사랑 조국사랑'에 몸을 떨게 만들던 그 정의롭고 성스러운 국군장병 아저씨들이 도대체 왜 죄 없는 시민들을 다치게 하고 죽게 한다는 말인지 이해할 수 없었다.

도저히 말이 되지 않는, 그리고 도저히 용서할 수 없는 그따위 헛소문을 퍼뜨리는 나쁜 사람을 만난다면, 반드시 내가 앞장서서 신고해 이승복 어린이의 후배다운 애국심을 발휘하리라. 그래서 미래의 '김소위'로 자라날 싹수를 동네 안에 과시하리라. 물론 그렇게만 된다면, 얼른 계산해도 내가 갖고 싶어 하던 모든 군것질거리, 전자오락기, 장난감 총 따위의 값을 모두 합친 것보다 백 배는 넘었을 신고 포상금 삼백만 원, 그것을 받게 되면 제일 먼저 무엇을 해야 할지 잠시 상상해보지 않은 것은 아니었다.

* 인해전술로 밀고 내려오는 중공군 역할을 했던 것은 당시 청와대와 국방부의 특별한 배려 속에 엑스트라로 동원된 현역 국군장병들이었다.

역사의 현장

1980년 5월 광주

1979년 10월 26일, 무려 20여 년간 철권을 휘둘러왔던 독재자 박정희가 암살되자 사람들은 자연히 민주주의의 시대가 열릴 것이라고 생각했고, '서울의 봄'이 왔다고 했다. 물론, 여전히 서울은 계엄령 하에 있었고, 국민의 손으로 대통령을 뽑게 해달라는 요구를 하기 위해 결혼식을 위장*해 모여야 할 정도로 시절은 엄혹했다. 5월 15일에 대학생 10만 여 명이 서울역 광장에서 연좌시위를 벌이자 총리가 직접 라디오 방송을 통해 곧 계엄령을 해제하겠다며 달래는 '약한 모습'을 보이기도 했지만, 그것은 정권의 본질이 달라져서가 아니라 그동안 숨죽이고 엎드려 있던 국민들이 일어나 뭉치는 모습에 당황했기 때문이었다. 그래서 서울역 광장의 10만 학생들이 총리의 회유와 거부하면 계엄군을 동원해 진압해버리겠다는 협박 앞에 굴복해 자진해산한 이틀 뒤, 비상계엄령은 전국으로 확대되었고 모든 대학이 폐쇄되며 학생운동 지도자들이 일제히 체포되었다. '서울의 봄'이 허무하게 끝나는 순간이었다.

하지만 계엄령 하에서도 광주는 저항을 멈추지 않았다. 비상계엄이 전국으로 확대된 다음날인 5월 18일, 계엄군들에 의해 등굣길을 가로막힌 대학생들이 오히려 금남로로 나가 시민들과 함께 시위를 벌이기 시작한 것이다. 그리고 경찰 대신 투입된 공수부대원들의 유혈진압이 이어지고 특히 21일에는 전남도청 앞에서 계엄군들의 일제사격으로 수많은 사람들이 목숨을 잃게 되자 시민들은 예비군 부대와 군수물자 공장을 습격해 무장했고, 치열한 전투 끝에 계엄군을 몰아냈다. 하지만 일단 후퇴한 계엄군은 광주 시내를 완전히 포위하고 통신과 전력을 끊어 고립시킨 채 반격을 준비했고, 일주일만인 27일 새벽에 전차를 앞세우고 진입해 도청에 남아있던 시민군들을 사살하고 진압작전을 마쳤다.

광주 밖으로는 이런 상황이 전해지지 못했고, 그저 북한이 침투시킨 공작원들이 소요를 일으켜 많은 경찰과 군인이 죽고 다쳤다는 조작된 뉴스만이 반복되었다. 그리고 그 모든 것이 권력욕에 눈이 멀어 북한의 지령을 받은 김대중의 배후조종 때문이었다는, 이른바 '김대중 내란음모사건'을 조작해냈다. 그런 공포분위기와 조작된 허구 위에서 3개월 후 장충체육관에서 대통령선거가 치러졌고, 99.9퍼센트의 지지로 전두환이 당선되었다.

87년 6월 항쟁 이후, 88년 총선거를 통해 국회 다수의석을 확보한 야당들은 청문회를 열어 당시의 진실을 일부나마 밝혀냈고, 1995년에는 5.18민주화운동에 관한 특별법을 제정해 희생자에 대한 보상과 망월동 묘역 성역화, 5월 18일의 국가기념일 제정 등이 이루어지게 되었다. 당시 정부가 공식적으로 집계해 밝힌 사망자는 189명이었지만 관련 단체들은 최소한 606명 이상으로 집계하고 있다.

광주항쟁은 국가권력이 국민들을 향해 총을 쏠 수도 있다는 것, 그리고 군사작전에 관한 결정권을 가진 미국 역시 그것을 막을 뜻이 없다는 것을 깨닫게 했다. 그리고 두려움 때문에 학살자에게 저항하지 못했던 모든 동시대인들에게 씻을 수 없는 부끄러움과 부채감을 안겨준 사건이기도 했다. 그래서 8,90년대 내내, 모든 민주화 운동의 동기이자 근거이며 목표가 된 것은 광주의 피, 광주의 깨달음, 그리고 광주의 해원(解冤 : 원한을 풀어줌)이었다.

* 함석헌, 박종태, 임채정 등의 재야인사들이 YMCA회관에서 대통령 직선제, 유신헌법 폐지, 양심수 석방 등을 요구하는 대회를 열었는데, 계엄사령부의 감시를 피하기 위해 연세대 복학생 홍성엽의 결혼식으로 위장했다. 그러나 대회 중에 계엄군이 들이닥쳐 참석자 140명이 잡혀갔고, 핵심인물 14명은 용산구의 보안사령부로 끌려가 모진 고문을 당하기도 했다. 일명 'YMCA 위장결혼식 사건'으로 불린다.

광주항쟁과 김대중의 내란음모

박정희와 전두환 정권 아래서 김대중은 세 번 죽을 고비를 만났고, 세 번 모두 기적적으로 살아남았다.

그 첫 번째는 1971년이었다. 그 해 5월, 제 8대 국회의원 선거 지원유세를 위해 전남 광주 부근을 지나던 그의 승용차를 대형트럭이 덮쳤다. 45세의 유망한 야당 지도자를 제거하기 위해 교통사고로 위장한 정권의 암살시도였다. 불과 한 달 전 치러진 대통령 선거에 야당의 대통령 후보로 나선 김대중이 3선을 노리던 박정희에게 94만 표차로 따라붙으며 저력을 과시했기 때문이다. 다행이 목숨을 건지긴 했지만, 그 때 고관절을 크게 다친 김대중은 평생 지팡이 신세를 져야 했다.

두 번째는 1973년이었다. 한 해 전 일본에 머물던 중 박정희의 유신선포 소식을 들은 김대중은 귀국을 포기한 채 일본에 망명했고, 그곳에서 반독재 투쟁을 계속했다. 그러나 이듬해인 73년 8월 8일, 그는 한국에서 건너온 야당 정치인을 만나고 나오던 호텔에서 납치되었고 닷새 후 손발을 묶이고 눈이 가려진 채 서울 동교동의 자택 앞에서 발견되었다. 그리고 일본에서 사라지고 한국에서 발견되기까지의 닷새 사이에 그가 현해탄 바다에 던져질 위기에 빠졌었다는 사실이 곧 알려졌다. 그 모든 과정을 주도한 것은 박정희의 오른팔 역할을 하던 중앙정보부였다.

그리고 마지막이자 가장 막다른 골목에 몰렸던 것은 1980년이었다. 그는 그 해 5월 17일에 체포되었고, 검찰은 7월 4일 무려 2만3천자 분량의 공소장을 공개하며 기소했다. 죄목은 국가보안법, 반공법, 계엄법 위반 그리고 내란음모였다.

1979년 10월 26일 박정희가 암살당하자 김대중의 가택연금도 해제 되었고, 강연 등의 정치활동도 다시 시작되었다. 여전히 수도권에는 계엄령이 내려져 있었지만 민주화에 대한 희망이 한껏 부풀어 올랐고, 5월 15일에는 서울역 앞 광장에 10만의 대학생들이 모여 국민의 힘을 과시하기도 했다. 사람들은 그것을 '서울의 봄'이라고 불렀다. 그러나 득점 찬스에서 득점하지 못하면 대량실점으로 이어지는 법, 그것이 야구장에서만 통하는 진리는 아니었다. 10만 학생이 신군부의 위기감만 잔뜩 자극해놓은 채 아무 소득 없이 허무하게 자진해산해버리자(이른바 '서울역 회군'), 전두환이 주도하던 신군부가 곧바로 반격을 가해왔던 것이다.

5월 17일, 전두환은 비상계엄령을 전국으로 확대했고, 막 활동을 재개하던 야당 정치인들을 다시 모조리 잡아들였다. '조용히 해산하면 조속히 계엄령을 해제하고 선거를 비롯한 정치과정을 재개하겠다'는 총리의 약속만 믿고 집으로 돌아갔던 순진한 학생지도자들은 줄줄이 엮여 보안사령부 대공 분실로 잡혀 들었고, 김대중 역시 같은 시간 영문도 모르는 채 체포당하는 신세가 되고 말았다.

서울과 달리 전남 광주에서는 계엄해제와 민주인사 석방을 요구하는 시민들이 저항의 끈을 놓지 않았다. 그러나 '총반격'의 기회를 잡은 신군부는 머뭇거리지 않았다. 즉각 광주로 공수부대를 투입했고, 시민을 향해 거리낌 없이 방아쇠를 당기기 시작했다. 그리고 결국 5월 18일부터 27일 사이의 열흘 동안 아직도 완전히 그 수를 헤아릴 수 없는 시민들이 공수부대원들의 몽둥이와 총검에 맞고 찢겨, 혹은 기관총 조준사격에 맞거나 전차 캐터필러에 뭉개져 목숨을 잃었다. 오늘날 '광주민주화운동'이라고 부르며 기념하는 그 사건을, 신군부는 '광주폭동', 혹은 좀 점잖게 '광주사태'라고 불렀다. 그리고 그 사건의 전말에 대해 이렇게 둘러댔다. '북한의 사주를 받은 김대중이, 극도의 정국 혼란을 조성하고 그 틈을 타 스스로 정권을 탈취하기 위해, 학생 지도자들에게 지령을 내리고 자금을 제공해 벌인 소요사태'. 그 '소요사태'를 조기에 확실히 해결한 군대 지휘관들에게는 대대적인 훈장세례가 쏟아졌고, 일선에서 손수 사격

위) 1980년 9월 17일 '김대중내란음모사건' 관련 재판 모습.
아래) 1980년 5월 광주. 계엄군의 진압 장면.

술과 총검술을 시연하며 수고한 장병들에게는 그야말로 '화려한 휴가'가 베풀어졌다.

김대중의 혐의를 '자백'하고 '증언'해줄 역할을 맡기 위해 함께 잡혀 들어와 모진 고문을 당해야 했던 23명* 대부분은 끝내 조작된 혐의를 부인하며 법정에서 싸웠다. 그러나 '서울역회군'의 주역이었던 서울대 총학생회장 심재철(현 국회의원, 한나라당)이 다시 한 번 고문의 고통에 굴해 모든 혐의 사실을 인정했고 그것을 빌미 삼아 8월 14일, 9월 17일, 11월 3일, 세 번의 재판에서 김대중에게 연달아 사형

* 문익환(목사), 이문영(교수), 예춘호(전 국회의원), 이신범(서울대 복학생), 조성우(고대 복학생), 송기원(중앙대 복학생), 이석표(무직), 설훈(고대 복학생), 심재철(서울대 학생회장), 고은(시인), 이해찬(서울대 복학생), 김상현(정치인), 서남동(교수), 김종완(민헌련), 한승헌(변호사), 이해동(목사), 김윤식(전 국회의원), 유인호(교수) 한완상(교수), 송건호(전 언론인), 이호철(소설가), 이택돈(전 국회의원), 김녹영(전 국회의원)

이 선고되었다.

그러나 모든 정치적 억압의 정점에 세워진 덕분에, 그래서 억눌린 모든 국민들의 상징처럼 떠오른 덕분에 전두환 정권은 정작 김대중에 대한 사형을 집행할 수가 없었다. 김대중을 처형한다는 것은, 모든 국민에게 '완벽한 순응이냐, 처절한 저항이냐'의 양자택일을 강요하는 도박이 될 가능성이 높았기 때문이다.

이듬해인 81년 1월, 그의 형은 무기징역으로 감형되었고, 다시 한 해를 지난 82년 12월에는 '일체의 정치행위를 삼갈 것'을 조건으로 석방되어 미국으로 보내졌다. 미국 외의 어느 곳으로도 나갈 수 없는 일종의 '연금'이기는 했다. 그러나 그 기간 동안 그는 건강을 되찾을 수 있었고, 재미교포 사회를 중심으로 다시 반독재 투쟁을 시작하며 정치적으로도 회복기를 가질 수 있었다.

> 광주 의거가 났을 때 나는 이미 그 전날에 체포되어 중앙정보부 지하실에 있었습니다. 나는 52일 동안이나 광주 의거가 일어난 사실조차 모르고 있었습니다. 그러자 하루는 당시 보안사령부의 고위 간부 한 사람이 찾아와서 나에게 말했습니다. "당신이 우리에게 협력하면 목숨도 살려주고 부귀영화도 같이 하겠다. 그러나 만일 거부하면 반드시 죽여야겠다. 당신을 그대로 살려두고 우리는 해나갈 수 없다. 다음에 올 때는 가부간 답을 달라." 그리고 돌아가면서 신문을 한 뭉치 넣어주었습니다.

나는 그 신문을 보고 비로소 광주의거를 알았습니다. 광주시민이 일어나서 "계엄령을 해제하라, 전두환은 물러가라, 김대중을 석방하라" 등 세 가지 주장을 가지고 시위를 하다 1백86명이 사망했다고 신문은 보도하고 있었습니다.

아! 그때의 심정이 어떠했던가! 나는 이 너무도 충격적인 사실과 엄청난 희생 앞에 그만 의식을 잃고 말았습니다. 응급치료에 의해서 의식을 회복한 후 나는 하룻밤을 통곡과 번민과 기도 속에 보냈습니다. 당시 나는 5.17사태로 매우 낙심하고 있었던 때였으므로 광주의거를 알기 전까지는 군정 당사자들과 적당히 협의해서, 죽어도 그들에게 협력은 할 수 없지만, 정계를 영원히 떠서 외국으로 이민이라도 가는 타협을 지어볼까 조차 생각했었습니다.

그러나 광주 의거를 알고 나서, 나의 심정은 일변했습니다. 나는 결심했습니다. 나는 이제 죽어야 한다. 그 외에 다른 선택을 해서는 안 된다. 죽는 것만이 광주의 영령들에게 보답하는 길이며, 국민과 역사 앞에 바르게 사는 길이다. 죽는 것만이 나로 인해서 고초를 겪고 있는 동지들과 내 가족들을 욕되게 하지 않는 길이다. 이래서 나는 수차에 걸친 군정 당국자들의 집요한 유혹과 협박을 단호히 거부할 수 있었습니다. 내가 그러한 좌절의 위기를 극복할 수 있었던 것도 광주의거와 여러분이었습니다.(1986년 5월 18일 광주민주화운동 6주기 추도식에 보낸 김

대중의 추도사)

3년 후 김대중은 돌아왔다. 그리고 조금도 누그러지지 않은 전두환 정권의 칼날에 맞서 싸우기 시작했다. 김영삼과 손잡고 야당 복원을 시작했고 대통령 직선제 개헌 운동을 조직했다. 그 과정에서 광주와 호남의 민중들이 조용하지만 든든한 후원자가 되어준 것은 물론이었다.

김대중은 광주, 그리고 한국민주화운동과 그렇게 뿌리 깊은 곳에서 이어졌다. 같이 웃은 사람보다는 함께 울었던 사람과의 인연이야말로, 잘라낼 수 없는 것이기 때문이다.

진짜 프로야구는 아직 시작되지 않았다

1982년. 대한민국은 축제의 나라였다. 1년 전 여의도 '5.16 광장'에서 밤낮없이 5일 동안 천만 명이 넘는 사람을 모아놓고 그네를 뛰고 풍악을 울리며 '민족문화창달'을 부르짖었던(서릿발 같던 야간 통행금지마저 일시 해제시켜가면서 말이다), 그래서 그 여파로 변두리 초등학교 점심시간 운동장의 소년들을 온통 제기차기 열풍으로 몰아넣었던 민속축제 '국풍 81'의 감흥이 가시기도 전이었다. 아직 쌀쌀했던 그 해 봄 서울운동장*에서는 '어린이에게 꿈을, 젊은이에게 낭만을'이라는 캐치프레이즈를 내걸고 프로야구가 출범했고, 그 해 가을에

* 서울운동장은 잠실운동장이 지어진 뒤 '동대문운동장'으로 바뀌어 불리다가, 2008년 여름에 철거되었다.

는 봄부터 '단군 이래 최대 규모의 국제 스포츠행사 유치'라는 묵직한 이름으로 선전되곤 했던 세계야구선수권대회가 새로 지은 잠실야구장의 웅장하고도 깔끔한 천연 잔디 위에서 열렸다.

형제나 친척 중 누구도 경북고나 군산상고나 선린상고를 다니지 않았던 나에게 야구란 별 중요한 것이 아니었다. 프로야구가 출범하기 전까지 야구란, 매일 저녁 동네 구멍가게 앞에서 '난닝구' 바람에 바지는 아무렇게나 무릎 위까지 걷어 올려 시커먼 다리털을 드러낸 채 소주나 맥주를 마시던 '왕년에 무언가 했던' 아저씨들, 혹은 1981년 봉황기 고교야구대회 결승전에서 발목이 부러진 선린상고 투수 박노준이 입원한 한강병원 앞에 꽃다발을 든 채 장사진을 쳤던 여고생 누나들에게나 의미가 있는 것이었다. 그러나 1982년 3월 27일 이후, 사정은 달라졌다.

> "적어도 축구에 있어서 충성심이라는 것은, 용기나 친절 같은 도덕적 선택이 아님을 알게 되었다. 그것은 사마귀나 혹처럼 일단 생겨나면 떼어낼 수 없는 것이다. 결혼도 그 정도로 융통성 없는 관계는 아니다. 바람을 피우듯이 잠깐 동안 토튼햄을 기웃거리는 아스날 팬은 단 한 사람도 없다. 물론 축구팬에게도 이혼은 가능하다. 그러나 재혼은 불가능하다. 나의 경우 지난 23년 동안 아스날로부터 도망칠 궁리를 했던 적도 많았지만, 그럴 방법은 전혀 없었다."*

6,70년대 우연히 형편없는 팀이던 아스날의 팬이 되었던, 그래서 아스날이 더욱 형편없는 하위리그의 팀들에게조차 졸전과 연패를 거듭할 때마다 그저 '몸을 비틀며, 인내와 용기와 자제심을 총동원하여 참아내는 것' 외에는 아무 것도 할 수 없었다고 한 영국의 소설가 닉 혼비의 고백은 진실이다. 그리고 그것은 한국의 야구팬들에게도 조금도 다르지 않았다. 불행하게도, 프로야구가 출범하던 당시 내가 살던 곳은 인천이었다. 그리고 그 해 인천을 연고로 창단한 팀은 그 유명한 삼미 슈퍼스타즈였다.

나의 주민등록증에는 충청북도 음성이라는 본적지가 선명하게 새겨져 있으며, 프로야구 출범 전후 4년을 제외하고는 인천에 주소지를 가져본 적도 없다. 그런 내가 삼미 슈퍼스타즈와 청보 핀토스, 태평양 돌핀스로 이어진 인천 팀들이 써내려간 전설적인 패배의 행진들 앞에서 정신적 평온을 유지하기 위해 '몸을 비틀며, 그리고 인내와 용기와 자제심을 총동원하며' 무수한 불면의 밤을 지새워야 했던 것은 그저 모진 운명의 장난 때문이었다고 밖에는 설명할 길이 없다.

충청북도 음성에서 담배와 고추 농사를 짓던 대가족의 맏아들로 태어나 가문의 기대를 한 어깨에 지고 사범학교를 나와 초등학교

* 닉 혼비, 《피버피치》, 문학사상사.

선생님으로서 그야말로 교과서적인 삶을 살아오신 내 아버지가 일생에 단 한 번 울컥하는 마음을 다스리지 못해 사표를 던진 것이 프로야구 출범 두 해 전이었고, 야박한 세상살이에 진저리치며 역시 당신이 가야 할 길은 선생이라는 것을 깨닫고 원위치로 돌아간 것이 그 두 해 뒤였다. 그 사이 인천 공설운동장이 있던 숭의동 사거리에 '로터리반점'이라는 중국집을 낸 아버지가 '팔자에 없던' 철가방을 몸소 들고 거리를 누벼야 했던 민망한 세월을 버텨낸 그 4년 사이, 야구라는 사마귀는, 혹은 커다란 혹이거나 암세포일지도 모를 그것은 나의 가슴에 뿌리내렸던 것이다.

첫 해 최강팀 삼성 라이온즈의 1, 2, 3선발투수들인 이선희, 황규봉, 권영호가 각각 기록했던 15승은 한해 내내 삼미 슈퍼스타즈라는 팀이 거둔 승리의 숫자와 같았고, 우승팀 OB 베어스의 에이스 불사조 박철순의 24승보다는 9승이 적었다. 15승 65패. 승률 1할8푼8리. 그리고 그 숫자로도 그 처절함과 한심함을 다 설명할 수 없는 최다연패, 최다실점, 최다실책, 최다이닝연속무득점, 최다피홈런, 최다피안타, 최다사사구허용 등등의 기록들.

그럼에도 불구하고 내가 삼미 슈퍼스타즈, 아니 야구와의 '조기이혼', 혹은 '파혼'을 감행하지 못한 것은 전적으로, 아직 프로야구 첫 시즌이 마무리되기 전이었던 그 해 9월에 열렸던 세계야구선수권대회 때문이었을 것이다.

그 대회는 조를 나누거나 시합 때마다 패전 팀을 떨어뜨리지 않고 모든 참가팀들이 서로 한 번씩 대결하도록 해서 순위를 가리는 풀리그 방식으로 치러졌다. 그러나 이야기가 만들어지려다 보니 대회 마지막 날, 역사교과서 왜곡 문제로 가뜩이나 서로 신경이 날카롭던 숙적 한국과 일본이 각각 6승 1패의 동률로 올라와 우승을 다투는 실질적인 결승전이 연출되었다. 그리고 2회 초부터 일찌감치 두 점을 먼저 내준 반면 공격에서는 6회까지 점수는커녕 안타 하나 때려내지 못하며 2대 0으로 끌려가던 한국 팀은 8회말 극적으로 5점을 뽑아내는 그림 같은 역전극을 연출해냈다. 그렇게 '각본 없는 드라마'의 감동과 숙적에 대한 통쾌한 복수의 희열과 재미는 소년 팬들을 완전히 사로잡아버렸다.

8회말. 선두타자 심재원의 안타와 김정수의 2루타, 그리고 스퀴즈를 예상한 투수가 자리에서 일어선 포수의 미트를 겨누고 던진

왼쪽) 1982년 세계야구선수권대회 한일전 8회말 김재박의 신출귀몰한 '개구리번트'
오른쪽) 1982년 올스타전(광주). 이종도(MBC) 선수의 타격 모습. 출처 : 한국야구위원회

공을 향해 날아오르며 성공시켰던 김재박의 '개구리-기습-스퀴즈 번트'는 승부의 추를 한국으로 기울게 했다. 이어서 파울라인을 따라 세워놓은 장대를 맞히면 홈런으로 인정된다는 야구의 룰을 알게 해준 한대화의 역전 3점 홈런. 그래서 그 뒤로 오랜 세월이 흐르면서 지고 있는 경기를 보더라도 8회 말이면 문득 날카롭게 신경을 곤두세우게 만드는 아득한 조건반사의 종소리.

그러나 그런 극적인 승부 외에도 삼미 슈퍼스타즈, 혹은 프로야구와 내가 결별하는 대신 마지막으로 '4개월간의 조정기간'을 가지게 한 이유는 또 있었다. 축구의 차범근, 농구의 신동파와 마찬가지로 그 시절 내 눈으로는 한 번도 뛰는 모습을 직접 보지 못했으면서도 그 이름만으로 한국야구의 '최고'를 의미했던 최동원과 장효조, 그리고 대회 내내 환상적인 수비와 주루 플레이로 야구경기의 새로운 차원을 열어주었던 김재박이 바로 거기에 있었기 때문이었다. 즉, 삼미 슈퍼스타즈가 죽을 쓰고 있던 1982년의 프로야구란 '대한민국 최고'들이 빠진 채 치러진 예행연습, 혹은 시범경기와도 같은 것이라고 믿었기 때문이다.

그 시점에서 우리는 바로 그 대회 내내 고비마다 등판해 칼 같은 제구력과 현란한 변화구로 '자책점 0'을 기록하며 대회 '방어율왕'에 오른 국가대표 마무리투수 임호균이 인천 출신이라는 점에 주목해야 했다. 그리고 바로 그 무렵 프로무대에서 홈런 1위를 질주하고 있는 해태 타이거즈의 김봉연을 대신해 국가대표 1루수로 활약하고 있던 김진우가 또한 인천 출신이라는 것은(원래 포수인 김진우는, 국가 대표팀에서 주전포수 심재원에게 밀려 1루수로 출장하고 있었다), 바꿔 말해 그가 프로무대에 들어오기만 한다면 김봉연보다도 훨씬 많은 홈런을 때려낼 것이라는 뜻임을 놓쳐서는 안 되는 것이었다.

역전의 명수 군산상고

1970년대 고교야구의 인기는 뒷날 프로야구 못지않았다. 각 지역에서 예선을 통과한 팀들이 서울로 올라오면 재학생과 학부모들이 버스를 대절해 뒤를 따랐고, 먼저 서울에 올라와 있던 동문과 향우들이 오랜만에 야구장으로 모여들었다. 그래서 서울운동장(동대문운동장)에서 열렸던 전국대회 결선 경기는 흔히 1만 명 이상의 관중을 불러 모았는데, 그런 날이면 경기가 끝난 뒤에도 야구장 앞에 길게 늘어선 포장마차에서 늦게까지 즉석 동문회와 향우회가 이어지곤 했다.

70년대 내내 야구의 주도권을 가진 것은 영남권의 학교들이었다. 1971년에는 남우식이라는 전설적인 투수가 이끄는 경북고가 주요 4개 대회(대통령배, 청룡기, 황금사자기, 봉황기)를 모두 휩쓸었고,

73년에는 석주옥, 김한근, 장효조의 대구상고가 3개 대회를, 78년에는 두뇌파 투수 양상문이 2개 대회(화랑기까지 포함하면 3개 대회) 결승에서 완봉승을 거둔 부산고가 그 두 개 대회를 접수했다. 그들보다 한 발 뒤에서 달렸던 경남고 역시 김용희와 최동원이 활약한 73년과 76년에 각각 청룡기를 제패하기도 했다.

하지만 그 틈새에서 홀로 호남권을 대표하며 숱한 전설을 남긴 팀이 바로 군산상고였고, 그들이 만든 고교야구사상 최고의 명장면이 연출된 것이 바로 1972년 황금사자기 결승전이었다.

결승전 상대는 20년이 넘는 역사 속에 숱한 우승을 경험한 명문 부산고였고, 준결승에서 황규봉과 이선희가 버틴 최강 경북고마저 꺾고 올라온 기세도 무서웠다. 그러나 군산상고는 창단한 지 4년밖에 되지 않은 신생팀이었고, 전국무대에서 이렇다 할 성적을 낸 적도 없었다. 군산상고가 투지 넘치는 플레이를 보여주긴 했지만, 역시 경기는 부산고의 흐름으로 흘러갔다. 군산상고는 1회 초 경기가 시작하자마자 1점을 선취했지만 곧 3회에 1점을 내주며 동점을 허용했고, 8회에는 6안타를 맞으며 3점을 내주며 승기를 내주고 말았다. 성급하게 달려들던 군산상고의 타자들이 부산고 에이스 편기철의 느린 커브에 좀처럼 타이밍을 맞추지 못했고, 경기는 그대로 끝나는 듯했다.

군산상고가 9회 초 마지막 공격에 들어설 때의 점수는 4대 1. 부산고의 우승까지는, 단 세 개의 아웃카운트만 남아 있는 상황이었다. 이미 군산상고 동문들 중 일부는 경기장을 빠져나가 소주병을 따기 시작했고, 부산고 동문들 중 일부는 웃통을 벗어젖히고 춤을 추며 승리의 기쁨을 만끽하고 있었다. 그러나 '전설'이 시작된 것은 그 순간부터였다.

선두타자 6번 김우근이 안타를 치고 출루하며 군산상고 응원단이 기세를 올렸지만, 곧 다음 타자가 내야플라이 아웃되며 기세는 부산고 응원석으로 넘어갔다. 이제 두 타자만 잡으면 되는 상황. 그러나 마지막 한 고비를 넘기지 못하고 한계에 도달한 부산고 투수 편기철이 갑자기 흔들리며 두 개의 볼넷을 내주었고 상황은 1사 만루로 돌변했다. 그리고 이어진 군산상고 1번 김일권이 다시 몸에 맞아 나가면서 밀어내기로 한 점 만회. 다시 2번 양기탁의 적시타로 2점을 마저 만회하며 동점.

순식간에 벌어진 일이었다. 부산고 응원석은 싸늘하게 얼어버린 채 연장전 돌입을 기원하며 손을 모았고, 군산상고 응원석은 순식간에 달아오르며 '끝내기'를 외쳤다. 그러나 이미 부산고 선수들은 잔인한 운명 앞에 몸이 굳어 있었고, 겁 없는 군산상고의 타자들은 세상에 두려운 것이 아무 것도 없을 만큼 기세가 올라 있었다. 3번 김준환이 투 스트라이크 노 볼에서 때린 공이 다시 좌익수 앞에 떨어졌고, 발 빠른 2루 주자 김일권은 곧장 홈으로 쇄도했다. 부산고 3루수 김문희가 안타까운 마음에 김일권을 손으로 잡아채며 홈인을 저지했지만 결국 주루방해 판정이 내려지며 경기는 끝이 났다.

군산상고가 창단 4년 만에 전국대회 우승기를 품에 안는 순간이었고, '역전의 명수'라는 멋진 별명을 얻게 되는 순간이었다.

흔히 스포츠 경기의 감동을 '각본 없는 드라마'라고 한다. 1977년 정인엽 감독은 군산상고가 야구장에서 연출한 드라마를 각본삼아 〈고교결전, 자 지금부터야〉라는 영화를 만들기도 했다. 실업야구의 명투수 출신이 시골학교 팀 감독을 맡아 강훈련으로 담금질하고 사랑으로 품으며 제자들을 단련시키고, 제자들은 전국대회에서 전력의 열세를 딛고 극적인 역전우승으로 보답한다는 내용이었다. 물론 고교시절 노히트노런을 기록하기도 했던 경력의 최관수 감독과 군산상고 야구부가 모델이었다.

황금사자기를 앞세우고 돌아온 군산에는 무려 6만 명의 인파가 몰려들었다. 군산의 전체 인구가 12만이던 시절이었다. 그리고 그것은 군산을 넘어 호남야구가 드디어 눈을 뜨기 시작하는 순간이었

정인엽 감독, 진유영, 하명중 주연, 〈고교결전, 자 지금부터야〉의 한 장면. 명절에 단체로 술을 마시고 사고를 친 선수들에게 '잘못 가르친 나를 때리라'며 훈계했다는 군산상고 최관수 감독의 일화를 그린 장면이다. 이 영화에는 촬영 당시 군산상고 재학중이던 김성한(전 기아 타이거즈 감독)이 단역으로 출연하기도 했다.

다. 군산상고는 1976년 김용남과 김성한을 앞세워 다시 한 번 대통령배를 석권하며 명문으로 자리를 굳혔고, 광주일고와 광주상고가 속속 뒤를 이어 성적을 내기 시작했다. 특히 1920년대, 전신인 광주서중 시절부터 야구부를 운영해왔지만 이렇다 할 성적을 내지 못했던 광주일고가 두 해 뒤인 1974년부터 전국대회 4강권에 이름을 내밀기 시작하더니 1975년 대통령배 결승 경북고전에서 고교야구사상 첫 3연타석 홈런을 날린 김윤환을 앞세워 첫 우승에 성공했고, 다시 선동열이 나타난 1980년부터 전국 최강팀의 반열에 오르기도 했다.

그렇게 1970년대 중반부터 영남세에 맞서기 시작한 세 학교 출신 선수들이 1980년대 중반 이후 절대강자로 자리 잡은 해태 타이거즈 왕조시대의 주역들이었음은 두말할 필요도 없다. 그러나 프로원년 해태 타이거즈를 홀로 버텨내야 했던 것은, 바로 '역전의 명수' 신화를 만들어냈던 군산상고의 1972년 멤버들이었다.

못난 정치인들의 비열한 논리

몇 해 건너 한 번씩 명절 때나 볼 수 있었던 나의 어느 먼 친척 할머니는 만나는 사람마다 노총각 외아들의 중매를 부탁하며 이렇게 말하곤 했다.

> "인물도 필요 없고, 아무 것도 필요 없어. 살림살이도 필요 없어. 그저 숟가락만 들고 오면 돼. 아무 것도 따지는 거 없어. 그저 전라도 여자만 아니면 돼."

그리고 두어 달에 한 번 쯤 나의 아버지를 '형님'이라고 부르면서 술 한 잔 하러 우리 집에 놀러오곤 했던, 조그만 회사를 한다던 어느 마음 좋게 생겼던 아저씨도 종종 이런 이야기를 늘어놓곤 했다.

"하여간 학벌이고 성적이고 다 필요 없다니까요. 뽑아서 일 시켜보면, 좋은 대학 나오고 공부 잘했다는 놈들이 더 사고를 치고 일도 똑바로 안 해요. 그저 정신 똑바로 박히고 인간성이 제대로 돼서 묵묵하니 성실한 놈이 최고예요. 그래서 나는 전라도 놈들은 안 뽑아. 거짓말이나 살살 하고 좀 키워줄까 생각하고 있으면 뒤통수나 치고 말이지, 천성이 아주 야비하거든요."

초등학교 시절 수업시간에 선생님한테서도, 신체검사 받으러 내려갔던 청주 병무청 인솔 부사관한테서도, 혹은 대학 신입생 시절 '잔디밭 막걸리 파티' 때 만난 고등학교 동문 선배한테서도 나는 비슷한 이야기를 들은 적이 있었다. 그들의 이야기 속에서 전라도 사람이란 빨갱이랑 일본 놈 다음으로 나쁜 피를 받은 종족들임에 틀림없었고, 만나는 족족 신고하거나 무찌를 수야 없는 일이더라도 가급적 얽히지 않도록 조심해야 하는 삶의 위험천만한 덫들임이 분명했다.

물론 꼽아보자면 적다고 할 수도 없지만, 나날이 새롭고 신기한 일들로 가득 했던 일상 속에서 그리 잦은 경험이라고 할 수도 없었다. 그러나 그런 돌발적인 사건들을 연결해 호남 사람들에 대한 '인상'으로 만든 것은 역시 TV드라마들이었다. 예컨대 64.5퍼센트라는 시청률로 '전설'의 반열에 오른 드라마 〈모래시계〉에 나왔던 종도* 처럼, 드라마나 영화 속에서 배은망덕과 야비함과 표리부동함을 상징하던 인물들의 일관되고 과장된 전라도 사투리는 그런 경험들 사이를 메우는 시멘트의 역할을 했다. 그래서 어느 평화로운 일요일 새벽, 소련에서 얻어온 탱크를 앞세워 일제히 휴전선을 돌파해 동족상잔의 비극을 벌여놓고도 밤낮 '북침' 핑계를 댄다는 북괴 공산당과 꼭 같이, 어차피 조그만 이익을 위해서는 거짓말과 엄살을 밥 먹듯 하는 자해공갈단 같은 성격의 전라도 사람들이 '1980년 5월 광주에 군인들이 와서 막 총을 쏘고 짓밟았다'는 악질적인 거짓말을 한다는 것 역시 그럴 듯한 이야기라고 믿을 수 있었던 것이다.

그런 분위기에서 전라도 사람들에 대해 북한 사람들에 대한 것만큼의 적개심까지는 가지지 않은 것만 해도 참 다행스러운 일이었다. 그 시절, 휴전선 북쪽 땅에서 나고 자란 사람은 한 명의 예외도 없이 권총이랑 독침을 품고 다니며 겉으로는 나를 '포섭'하기 위한 소름끼치는 웃음으로 무장하고 있을 거라는 믿음을 나는 가지고 있지 않았던가. 그래서 그들에게 납치당하지 않으려고 밤새 발버둥 치며 쫓겨 다니다가 숨 헐떡이며 잠에서 깨기를 수십 번이나 거듭하지 않았던가.

그런데 내가 전라도 사람에게 공격당하는 악몽이나마 꾸지 않고

* 탤런트 정성모가 연기한 배역. 친구인 주인공 최민수의 덕으로 조직 내에 자리를 잡지만, 끝내 등 뒤에서 그에게 칼을 꽂는 비열한 조직폭력단 중간보스.

자랄 수 있었던 것은 내 외할머니가 전라도 광주 사람이었고, 그 광주 사람의 슬하에서 자란 내 어머니가 그런 편견 만들기에 적극 동참하지는 않았던 덕이었는지도 모른다. 그리고 몇 가지 더 떠올려 보자면, 유난히 전라도 출신에, 경상도 출신에, 심지어 중국에서 건너온 화교의 자손들까지 잡다한 사람들이 많이 모여 살았던 인천이라는 동네의 특성 때문이었을 것이고, 또 중학생 시절 일 년 넘게 오로지 둘이만 붙어 다니며 도시락 까먹던 단짝 친구 녀석이 하필 김제에서 전학 온 놈이었다는 우연한 인연 때문이었는지도 모른다.

도무지 전라도 사람들이 무슨 죄를 크게 지었다고 그렇게 악질적인 소문이 퍼지고 전해져온 것일까. 도대체 누가 전라도 사람들한테 그리 모진 짓을 다했다고 이런 이야기들을 꾸며내 온 것일까. 사실 나중에 대학원에서 사회학을 전공하면서, 나는 그런 문제들을 가지고 논문을 쓰기도 했었다. 하지만 누가 시작했고, 누가 꾸며냈고, 누가 작정을 했는지는 도통 알 수 없는 일이었다. 그래도 몇 해 동안의 공부 끝에 알아낸 것만 몇 줄로 정리해보자면 이렇다.

도무지 정책이나 비전 따위로는 차별성을 만들 능력을 가지지 못했던 못난 정치인들이 그저 여의도에서 붙어먹고 살기 위한 협박거리가 '빨갱이가 싫거든 내게 표를 달라'는 것과 '우리가 남이가'라는 것뿐이었다는 사정이야 누구나 알만한 것이다. 그리고 그 중에서도 아마 소수이고 약자이면서도 고분고분하지 않았던 호남 사람들이 모난 돌 취급을 받고 정을 맞은 것이라는 추측뿐이다. 그렇게 틀이 짜이면 온갖 괴소문들이 얹히고 덧붙여지는 것은 자연스런 수순이다. 원래 정치투쟁에서 적이란 '잘못된 생각을 가진 자'라거나 '나와 이해관계가 다른 자'만으로는 불충분하며, '이념적으로 부적절하고 부도덕하며 무능력하고 자격도 없는 자'여야만 하는 것이기 때문이다.

그러나 그걸 꼭 캐내 밝히는 게 뭐 그리 중요하랴. 강 건너 저편의 남 얘기임에 분명해지기만 한다면 언제라도 혀와 손에서 칼날을 꺼내 난도질하기를 즐기는 것이, 인간의 야비한 본성 아니던가. 그래서 문둥이가 아기 간을 꺼내 먹는다는 이야기가 수백 년 동안 수백만 명의 입을 건너다니며 진실로 인정받고, 수백 년 동안 유럽 사람들은 한 인간의 인격과 지성과는 전혀 무관하게 '마녀'로 지목된 애먼 처자들을, 혹은 집시들을, 유태인들을 모조리 태워 죽이고 싶을 만큼 징그러워하지 않았던가 말이다.

그렇게 호남 사람들은 그저 소외되고 짓밟혀온 것을 넘어 수십 년간 아주 교묘하고 치사한 방식으로 따돌림과 모함, 모욕을 당해왔으며, 억울한 매를 맞아왔다.

해도 해도 너무한 팀, 1982년의 해태 타이거즈

왜 땅바닥에 한 번 떨어졌다가 외야수에게 잡힌 공은 안타가 되고, 외야수가 직접 잡은 공은 더 멀리 날아갔는데도 아웃이 되는지 이해할 수 없었던 초등학생 따위가 알 수는 없는 일이었지만, 프로야구 개막 전까지 전문가들이 꼽아두고 있던 우승후보는 삼성 라이온즈였고, 꼴찌후보는 삼미 슈퍼스타즈와 해태 타이거즈였다. 그리고 그 시즌이 끝났을 때 예상대로 삼미 슈퍼스타즈가 압도적인 꼴찌가 되어 고개를 끄덕이게 해주기도 했다. 그러나 우승팀이 삼성 라이온즈가 아닌 OB 베어스였다는 점과 꼴찌후보 해태 타이거즈가 4위까지 치고 올라갔다는 점은 의외의 결과라고 할 만 했다. 전문가들의 시즌 전망은, 그렇게 첫 해부터 어긋나며 시작되었다.

창단 첫 해 규정은 연고지역 내 고등학교를 졸업한 선수들은 배

타적으로, 또 무제한으로 뽑아서 선수단을 구성할 수 있도록 하고 있었다. 따라서 1970년대 내내 고교야구무대를 휩쓸었던 경북고와 대구상고 출신의 국가대표 출신들만으로도 충분히 한 팀을 만들 수 있었던 삼성 라이온즈가 우승후보로 첫손에 꼽힌 것은 당연한 일이었다. 실제로 삼성 라이온즈는 그 해 가을에 열린 세계야구선수권대회를 위해 김시진, 장효조 등 대구출신 국내 최고 스타들의 입단을 보류시켜놓고 있었음에도 불구하고 창단멤버 22명 중 19명을 국가대표(대학대표, 실업대표를 포함해서) 출신들로 채워놓고 있을 만큼 여유만만이었다.

반면 한국야구의 발상지이며, 박현식과 김진영이 활약하던 5,60년대 '야구도시'라 불리는 전성기를 누렸던 인천은 70년대 이후 급격한 쇠락의 길을 걸어오고 있었다. 냉전시대 소련, 중국, 북한 등 사회주의 국가들과의 교역이 완전히 차단되면서 인천이 무역항으로서의 가치를 상실했기 때문이고, 산업화 과정에서 급성장한 서울과 멀지 않은 거리에 있다는 점도 오히려 인천의 쇠락을 부추겼다. 서울이 커지고 서울과의 교통이 편리해질수록 인천의 인재들이 서울로 빠져나가는 속도 또한 빨라졌기 때문이다. 결국 1982년, 가뜩이나 선수층이 얄팍한 인천 팀에서 임호균과 김진우라는 독보적인 스타를 세계야구선수권대회 멤버로 차출시켜놓고 보니 딱히 떠오르는 이름이 남지 않게 되었다. 궁여지책으로 삼미는 공개 입단테스트를 통해 뽑은 일반인들을 포함해 26명이나 되는 선수들로 창단식을 치르긴 했지만, 국가대표팀 물을 먹어본 선수가 단 한 명도 없는 속 빈 강정 같은 팀이 될 수밖에 없었다.

해태 타이거즈의 사정도 마찬가지였다. 그 해 1월 30일 해태제과 본사에서 치러진 창단식에 참석한 선수는 달랑 열네 명에 불과했다. 김용남, 강만식, 이상윤, 신태중, 박전섭, 김용만, 김봉연, 차영화, 김성한, 최영조, 김준환, 김우근, 김종모, 김종윤. 광주일고와 광주상고, 진흥고 같은 광주시내 고등학교들이 아직 기지개를 켜기 전이었던 70년대, 호남의 유망주들은 모두 군산상고로 모여들어 야구를 하는 수밖에 없었다. 그리고 그들은 '역전의 명수'라는 전설을 만들며 전국적인 강자로 주목을 받기도 했지만 한 개의 고등학교가 배출할 수 있는 자원의 양적인 한계는 어쩔 수가 없었다. 실제로 해태 타이거즈의 창단멤버 중 광주일고 출신 강만식, 차영화, 이

왼쪽) 1982년 해태 타이거즈 감독 '빨간 장갑의 마술사' 김동엽과 김성한 선수. 김성한은 그 해 타점왕인 동시에 팀내 유일한 10승 투수였다.
오른쪽) 1982년, 해태 타이거즈 결단식. 출처 : 해태 타이거즈 팬북

상윤 그리고 광주상고(지금의 동성고) 출신의 김종모를 제외한 열 명이 모두 군산상고 동문들이었다.

선수의 수가 적다 보니 겪게 되는 가장 큰 문제는 포지션의 중복과 공백이었다. 원래 동네축구에서도 잘하는 놈부터 순서대로 공격수, 수비수, 골키퍼를 하는 법이고 군대축구에서도 계급 순으로 공격수, 수비수, 골키퍼를 하는 법이다. 하지만 또 동네축구나 군대축구라는 게 공격수를 데려다가 수비수를 시키고 수비수를 데려다가 골키퍼를 시킨다고 해서 당장 탈이 나는 것은 아닌 반면, 야구라는 것은 역할에 따라 나름대로 전문화된 훈련을 통해 전문적인 기능을 뽑아내야 하는 운동인지라 투수에게 타자를 시키거나 외야수에게 유격수를 시킬 수 없다는 점이 문제였다.

그것만이 아니었다. 다른 문제를 다 떠나서 열 네 명의 선수들을 데리고 어떻게든 한 경기 쯤이야 치른다고 하더라도, 봄과 여름 내내 거의 매일 한 경기씩 치르다시피 80경기를 소화해야 한다는 것은 애초에 말도 되지 않는 일이었다. 창단멤버 14명 중 투수는 달랑 세 명 뿐이었기에, 해태 타이거즈는 세 명의 투수들이 연중무휴 3교대로 매경기 완투하며 풀가동하는 무리를 감수한다 하더라도 혹 누구 하나 다치거나 컨디션이 좋지 않거나 하는 이유로 빠진다면 당장 야수가 마운드로 올라가 공을 던져야 했다. 게다가 야구 한 경기에 출전해야 하는 선수가 지명타자까지 최소한 10명이라는 점을 생각해보면, 야수 중에서도 두 명만 부상을 당한다면 그대로 경기를 포기해야 하지 않겠는가. 그러면 일일이 '지시사항'까지 내려가며 친애하는 국민들에게 위험한 데모 따위 대신 건전한 오락문화를 제공해주고자 세심하게 배려해주시는 전두환 대통령 각하의 심기를 불편하게 할 우려가 있는 팀이었던 것이다.

결국 해태 타이거즈는 해도 너무한 사정을 외면할 수 없었던 한국야구위원회의 암묵적인 승인과 지원을 업고 김일권을 국가대표팀 숙소에서 탈출시키는 작전을 감행했다. 그리고 대학생 투수 방수원* 을 자퇴시켜 데려오고(그의 친구 이상윤은 먼저 자퇴해 타이거즈에 합류해 있었다), 서울 출신의 김경훈, 마산 출신의 임정면, 대전 출신의 홍순만 등을 얻어와 시즌 중반에 투입함으로써 간신히 머릿수를 맞출 수 있었다.

물론 그런 무리를 감행하고도 쉽지 않은 시즌 운영이긴 했다. 그래서 지명타자 김성한이 4인 교대로 돌아가는 투수진을 지원하기 위해 파견 나가는 진풍경 속에 당당히 팀 내 최다승인 10승을 올리는 기염을 토해내야 했고, 외야수 김종모와 김일권이 3루수와 유격수로 손발을 맞추며 고교야구에서도 좀처럼 볼 수 없던 헐렁한 실책들을 양산하던 것이 원년의 해태 타이거즈였다(결국 군산상고 시절

* 방수원은 프로 통산 18승 29패 18세이브를 올린 그저 그런 '아리랑볼' 투수였다. 그러나 1984년 5월 5일, 삼미 슈퍼스타즈와의 경기에서 우연히 선발로 등판해 한국 프로야구 최초의 노히트노런을 달성한 적도 있었다.

3루수로 뛴 적이 있는 '팔방미인' 김성한이 투수진에 이어 3루수로까지 파견근무를 하며 거친 숨 사이로 한숨을 뱉어내야 했고, MBC 청룡에 싹싹 빌며 데려온 서울 출신 조충열이 유격수로 들어오고서야 정상적인 경기는 비로소 가능해지게 되었다).

그럼에도 불구하고 그들이 딱 조건과 실력만큼의 성적을 낸 삼미 슈퍼스타즈보다 무려 23승이나 많은, 그리고 최동원을 국가대표로 내주었다고는 해도 김용희, 방기만, 김정수 등등 삼성 라이온즈 다음으로 많은 국가대표출신을 거느리고 있어 최소한 중위권은 할 실력으로 평가받던 롯데 자이언츠보다도 7승이나 많은 38승을 거두며(총 80경기 중에서) 당당히 4위를 기록할 수 있었던 것은, 누구보다도 김성한의 공이었다고 말할 수 있다.

윤동균이나 천보성처럼 대학 졸업 후에도 한참 직장생활*을 하다가 삼십 줄 넘어 프로무대로 뛰어든 선배들과 달리, 김성한은 대학을 졸업하자마자 프로야구 개막을 만난 행운의 세대이긴 했다. 그러나 김봉연, 김준환, 김일권 등등 하늘같은 군산상고 출신 선배들을 그대로 모시고 프로생활을 시작한 그의 처지를 생각하더라도 그가 1982년에 감당했던 역할들은 참 해도 너무한 것들이었다.

* 프로야구가 출범하기 전 고교와 대학 팀에서 야구를 했던 선수들의 목표는 실업야구팀에 입단하는 것이었다. 그러나 실업야구 선수들도 대개는 운동과 업무를 병행하거나, 혹은 일정 기간 운동에만 전념하더라도 언젠가는 사무직으로 복귀할 것을 전제로 하는 식이었기 때문에 철저한 몸 관리와 기술개발이 이루어지기는 어려운 조건이었다.

우선 그는 시즌 전 경기에 출전해 3할 5리의 타율과 13개의 홈런을 기록한 강타자였으며 특히 타점을 69개나 만들어내 한국 프로야구 초대 타점왕에 오르기도 했다. 그러나 매 경기를 한 명의 투수가 완투한다고 해도 사나흘에 한 번씩 차례가 돌아올 판이었던 마운드 실정을 감안하면, 프로개막 직전까지 투수와 타자 중 어느 쪽을 택할까 고민했던 김성한을 그냥 둘 리가 없었다. 그는 그 해 투수로서도 무려 26경기에 불려나가 106.1이닝을 던지며 지원활동을 했는데, 재미있는 것은 그가 같은 팀의 다른 전업투수들 중 누구보다도 훨씬 나은 성적을 거두어버렸다는 점이다. 그해 그의 성적은 세 번의 완투와 한 번의 완봉을 곁들이며 올린 10승과 1세이브 그리고 5패였으며, 평균자책점도 2.88로 준수했다.

22개의 홈런을 때려내며 초대 홈런왕이 된 김봉연, 시즌 중에 투입되어 75경기에만 출전하고서도 53개의 도루를 기록하며 초대 도루왕에 오른 김일권(그는 홈런도 11개나 때려냈다), 그리고 시즌 막판까지 김봉연 그리고 일본 프로야구 타격왕 출신으로 MBC 청룡의 '감독 겸 선수'였던 백인천과 홈런왕 경쟁을 벌이며 19개를 때려 홈런 2위에 오른 김준환. 1972년 황금사자기 결승에서 연출한 군산상고의 '역전의 명수' 신화의 주역들이었던 그 '김씨 3인방'들이 그만큼이나마 활약을 해주지 않았더라면 까마득한 후배 김성한에게 정말 '면이 서지' 못했을 것이다.

인터뷰

1982년 홈런왕 **김봉연**

"첫 해, 내가 다른 건 몰라도 홈런왕은 꼭 해봐야겠다고 생각하고 있었어요. 프로야구가 몇 년을 가더라도 첫 해 홈런왕만큼은 기억을 해줄 것이라고 믿었으니까요. 그런데 MBC 청룡에서 감독겸 선수를 맡던 백인천 씨 있지 않습니까? 내가 하나 치면 그 양반도 하나 치고 하면서 자꾸 따라오는 거야. 그런데 하루는 내가 홈 슬라이딩을 하다가 다리뼈가 부러져 반 깁스를 하고 앉아 있었는데, 자꾸 불안하더라고. 그래서 '에이 안 되겠다, 나가서 한 번 쳐야겠다'는 생각이 드는 거예요. 그 때 타석에 서 있던 게 군산상고 1년 후배 김우근이었는데, '너 이리 들어와라' 그러고 내가 대타로 나갔지요. 반 깁스 풀고 압박붕대로 다리를 그냥 꽁꽁 묶고 말이에요."

군산상고 동문 팀이나 다름없던 원년의 해태 타이거즈에서 군상 출신 왕고참 김봉연의 결정에 제동을 걸 사람은 없었다. 불같은 성격으로 유명했던 '빨간 장갑의 마술사' 김동엽 감독도 모르는 체했다. 그러나 땅을 단단히 디딜 수 없는 다리로는 도저히 좋은 타구를 만들어낼 수 없다. 그리고 어지간한 타구로 외야를 쫙 갈라놓는다 해도 1루까지 살아 나갈 수 있다는 보장이 없었다.

하지만 김봉연은 그 타석에서 거짓말처럼 홈런을 날려버렸고, 한 쪽 발로만 뛰다시피 하며 그라운드를 돌았다. 결국 그 해 그는 22개의 홈런으로 경쟁자 백인천과 김준환을 세 개 차이로 따돌리고 원년 홈런왕에 등극하게 된다.

위) 1983년 한국시리즈 MVP 김봉연이 부상으로 받은 자동차와 함께 포즈를 취하고 있다. 출처 : 해태 타이거즈 팬북

아래) 김봉연 선수의 스윙모습.
출처 : 해태 타이거즈 팬북

이듬해인 1983년, 전기리그 우승으로 한국시리즈 진출을 확정지은 뒤 가벼운 마음으로 나섰던 나들이 길에서 교통사고를 당했을 때도 비슷한 활극은 거듭되었다. “그 때 정말 죽을 뻔 했어요. 얼굴에만 300바늘을 꿰맬 정도였으니까. 그런데 그 해 팀은 우승을 했는데, 나는 사고 때문에 경기 출장을 한동안 못하니까 홈런도 좀 모자라고, 뭐 집에 들고 갈 트로피가 없겠는 거야. 그래서 내가 한국시리즈 MVP만은 꼭 챙겨야겠다고 생각하고, 사고 당한 지 한 달도 안 돼서 다시 경기장에 나갔어요.”

상처가 아무는 데는 몇 달이 걸렸지만, 수염이 자라는 데는 며칠

이면 충분했다. 그는 채 아물지 않은 끔찍한 흉터를 가리기 위해 콧수염을 길렀다. 그러나 여전히 몸은 정상이 아니었고, 결장한 20경기의 공백도 컸다. 결국 홈런왕은 다섯 개 차이로 이만수에게 빼앗겼고, 타율도 .280까지 떨어졌다. 그러나 꾸준히 강행한 출장으로 가을 즈음에는 경기감각이 다시 올라왔고, 예상대로 한국시리즈에서 폭발했다. 19타수 9안타(.473), 1홈런 8타점. 끝내 그는 한국시리즈 MVP 트로피를 닦으며 따뜻한 겨울을 보낼 수 있었다.

'죽기 살기로 야구하는' 것이 그의 스타일이었고, '부러지고 찢어진 것 정도로는 야구 못하는 변명이 되지 않는다'는 것이 그의 소신이었다. 그는 그런 투지로 1972년 황금사자기에서 군산상고를 '역전의 명수'로 이끌었고, 다시 그 해의 군산상고 멤버들로 만든 팀 원년 해태 타이거즈의 주장이 되었다. 그래서 그의 스타일과 소신은 그대로 해태 타이거즈의 팀컬러로 투영되었고, 그 뒤로 해태 타이거즈가 십 수 년간 한국 프로야구 무대를 쥐고 흔드는 역사의 밑거름이 되었다.

그는 군산상고를 졸업한 뒤에도 대학무대에서 투수로서는 노히트노런을 기록하고 타자로서는 대학야구 사상 첫 3연타석 홈런을 기록하며 파란을 일으켰다. 그리고 군대에서 사이드암으로 던지는 객기 어린 실험을 하다가 어깨를 망가뜨린 뒤로는 타자로 전업하며 실업무대에서 김응용과 김우열의 뒤를 잇는 홈런왕으로 갖가지 기록들을 만들어내기도 했다. 그 사이 '그래도 공부해서 선생이 되어야 한다'는 큰형님의 충고를 따라 훈련이 끝나면 고무신 끌고 도서관에 나타나 영어공부를 하면서 '촌놈'이라는 별명을 얻은 괴짜이기도 했다. 그 모두가 남들 하는 대로, 그냥 몸이 시키는 대로 흘리지 않고 발휘한 근성의 결과물들이기도 했다.

홈런왕과 한국시리즈 MVP로 빛났던 82년과 83년을 지나 84년과 85년에는 지독한 슬럼프를 겪어야 했다. 그리고 자연스럽게, 부상투혼 속에 골병이 났다거나, 이미 30대 중반에 들어선 나이를 들먹이며 '이제 끝났다'는 이야기가 슬슬 흘러 다녔다. 그러나 그런 주변의 생각들이 늘 그에게는 '해보자'는 의욕의 연료가 되어주곤 했다. 1986년, 그는 다시 한 번 21개의 홈런을 치며 홈런왕 자리를 되찾았다. 그리고 내친 김에 타점왕과 장타율까지 석권하며 '타격 3관왕'으로서 절정기보다도 높이 치솟은 황혼기를 연출해냈다.

마치 골프를 치듯, 밑에서부터 위로 퍼 올리던 독특한 스윙 폼. 그리고 어떤 순간에도 전신의 힘을 모아 휘두르던, 그래서 때로 헛스윙을 하고 나면 헬멧이 벗겨질 정도로 아찔했던 풀스윙. 그가 그렇게 휘두른 방망이에 맞은 공은 하늘 높이 치솟아서 한참을 날아간 끝에 우박처럼 외야 관중석 위에 쏟아졌고, 그 사이 '넘어가느냐, 넘어가느냐, 넘어가느냐'를 외치던 중계방송 캐스터는 얼른 물 한 모금 마시며 갈라진 목을 추슬러야 했다.

야구를 보는 즐거움에는 여러 가지가 있다. 이기고 지는 것을 떠나서라도 때로는 우아한 수비동작에 매료되고, 때로는 기발한 주루플레이에 흥분한다. 그 중에서 김봉연이 가르쳐준 것은 결정적인 승부의 순간 온몸의 힘을 짜내 폭발시키는 홈런의 매력이었고, 그 매력은 그대로 해태 타이거즈라는 팀의 정체성으로 녹아들었다.

그분께서 전력평준화를 주문하셨다

1982년 1월 20일. 전두환 대통령 각하께서는 프로야구 창립총회를 마친 6개 구단 구단주들과 관계 장관들을 청와대로 불러 점심을 먹이며 자상하게 '지시사항'을 불러주셨는데, 대략 이런 것들이었다. 전력이 평준화되도록 하여 매 경기를 관전하는 국민들을 즐겁게 해주라, 훈련을 열심히 하도록 하라, 스타를 키워라, 그리고 프로야구의 성공을 위해 문교, 재무, 국방, 내무, 문공부의 모든 장관은 합심해서 도와주어라. 예컨대 TV중계방송을 많이 해주고, 각 구단들이 흑자가 될 때까지 면세조치를 해주고, 선수들의 병역도 면제는 안 되더라도 방위병으로서 복무하며 경기 출장을 할 수 있도록 편의를 봐주며, 또 정부가 도와줄 일들이 있는지 찾아보라.

그런데 정작 한 시즌을 치르고 나서 결산을 해보니 그 제일 앞쪽에 말씀하신 '전력평준화'에 실패했다는 점이 먼저 두드러졌고, 그것은 출범 2년차를 맞이하는 한국야구위원회가 대통령 각하의 말씀을 얼마나 무겁고 두렵게 생각하고 있는지를 보여드리기 위해서라도 제일 먼저 중점을 두고 해결해야 할 과제로 떠올랐다.

해결방법은 간단했다. 내부자원 배분만으로 팀들 사이의 전력차이를 줄이는 것이 어렵다면, 외부자원을 들여와 적절히 배분해주면 된다는 것이었다. 이제 막 걸음마를 떼고 있던 한국 프로야구는 별 수 없이 인력난을 겪고 있었지만, 이미 삼십여 년 전부터 프로야구를 시작한 일본에서는 적지 않은 한국 출신 교포들이 활약하고 있었고, 그 중 큰 빛을 보지 못했거나 이미 저물어가기 시작한 주변인들의 상당수는 한국무대에도 관심을 가지고 있었기 때문이다.

물론 그런 외부자원의 수혈이 가장 시급했던 두 팀은 삼미와 해태였다. 세계야구선수권대회를 성공적으로 마친 국가대표 팀의 주전배터리 최동원과 심재원이 돌아오는 롯데를 제외한 채 원년 6위와 4위 팀인 삼미 슈퍼스타즈와 해태 타이거즈에 각각 두 명 씩의 재일교포 선수들을 우선 배정해주는 조치가 이루어진 것이다. 그리고 결국 1983년, 장명부와 이영구, 주동식과 김무종, 이 네 명

전두환 대통령의 프로야구 개막식 시구 장면.
출처 : MBC 〈이제는 말할 수 있다〉

의 재일교포 선수들이 각각 슈퍼스타즈와 타이거즈의 유니폼을 입고 한국 무대에 등장했다.

농구와 비교하자면 야구는 한 명의 출중한 선수에 대한 의존도가 그리 높지 않다. 농구는 출전하는 다섯 명의 선수들이 동시에 매 순간 경기에 개입하지만, 야구는 열 명의 선수들이 각자 주어진 순간 동안만 경기에 집중하기 때문이다. 더구나 일본 프로야구에서도 이미 퇴물로 밀려나고 있거나, 혹은 10여 년 가까이 2군에서만 경력을 쌓아온 두 명씩의 선수들이 지난 시즌 1위 팀과 꼴찌 팀 사이에 존재했던 40승 이상의 격차를 얼마나 줄여줄 수 있을 것인가에 대해 확신을 가진 사람은 거의 없었다.

더구나 세계야구선수권대회에서 바로 그들이 몸을 담고 있던 일본의 대표팀을 누르고 우승컵을 차지한 국가대표팀의 영웅들이 대거 프로무대로 진입하는 시기에, 그들의 존재감이 어느 만큼이나 드러날 수 있을 것인지는 분명 미지수였다. 물론 아마추어 대표팀 간의 승부와 프로리그 간의 수준 차는 완전히 다른 영역의 문제다. 그러나 일본과 달리 '프로'와 '아마'의 구분을 알지 못하던 시절, 국가대표란 그저 말 그대로 한 나라를 대표하는 최고로 구성된다고만 생각했던 한국인들에게는 세계선수권 우승팀인 한국이 곧장 세계 야구의 최고봉으로만 이해되었기 때문이다.

1983년. 그러나 뚜껑을 열어보니, 바로 1년 전 한국시리즈에서 칼끝 같은 순간을 만들어내던 삼성과 OB를 4위와 5위로 밀어낸 채 우승다툼을 벌인 것은 바로 해태와 삼미였다. 그 중에서도 더 찬란하게 비상한 것은 전년도 꼴찌 팀 삼미 슈퍼스타즈였다.

세계야구선수권대회에서 '자책점 0'을 기록하고 돌아온 인천의 영웅 임호균 외에도 역시 세계야구선수권대회 우승 주역들인 김진우, 정구선, 이선웅 등을 보강하며 '국가대표출신이 전무한 팀'이라는 꼬리표를 멀찍이 떼어낸 삼미 슈퍼스타즈는 시즌 초반부터 1위로 치고 나가며 프로야구계를 발칵 뒤집어놓았다. 그러나 그 네 명의 국가대표 출신들보다도 훨씬 결정적인 역할을 한 것은 팀이 치른 100번의 경기 중 60 경기에 등판해 무려 36번이나 완투하며 최동원 따위 '평범한 철완투수'들의 두 배가 넘는 427.1이닝을 던진, 그래서 전무후무할 30승의 금자탑을 쌓은 장명부*였다.

반면 해태 타이거즈가 모셔온 재일교포 투수 주동식의 성적은 7승에 불과했고 김무종도 2할6푼 대의 평범한 타율을 기록하는 데 불과했다. 그러나 결국 우승은 해태 타이거즈의 것이었다. 역시 야구는 한두 명의 월척급보다는 대여섯 명의 준척급이 더 강한 팀을

* 그는 입국 기자회견에서 '20승은 기본이고, 30승까지도 충분히 가능하다'며 큰소리를 쳤다. 전년도 팀이 거둔 전체 승수의 두 배를 혼자서 만들어내겠다는 엄청난 이야기였는데, 그것을 반쯤 농담으로 들은 삼미 허영 사장이 '30승을 하면 보너스로 1억 원을 주겠다'며 역시 반쯤 농담으로 받은 것이 화근이었다. 장명부는 그 1억 원을 위해 날마다 등판을 자청했고 결국 꼭 30승을 채웠지만, 사장은 농담일 뿐이었다며 발을 뺐기 때문이다. 결국 허사장이 개인 돈으로 얼마간의 보너스를 마련해주는 것으로 해프닝은 마무리되었지만, 다시는 장명부가 83년처럼 의욕적으로 공을 던지는 모습을 볼 수 없게 되었다.

만들 수 있는 종목이기 때문이었다.

30승의 장명부와 12승의 임호균을 제외하면 5승이라도 채운 투수가 단 한 명도 없던 삼미 슈퍼스타즈는 전후기리그 모두 시즌 중후반까지 선두를 달리다가도 막판이면 바닥을 드러내며 제풀에 지쳐 주저앉곤 했다. 그러나 해태 타이거즈는 크게 빛나지는 않았지만 시즌 마지막 경기까지 페이스를 유지하며 완주할 수 있는 안정적인 전력을 갖추고 있었다. 원년 멤버 이상윤과 김용남, 김종모가 프로무대에 비로소 적응해 한 해만에 완전히 다른 모습을 보이기 시작한데다가 타격에서는 평범했던 재일교포 포수 김무종이 상대타자 분석과 투수 리드에 관한 새로운 지평을 열어주었고, 정규시즌 내내 평범했던 재일교포 투수 주동식도 한국시리즈에서만 2승을 올리며 결정적인 역할을 해주었기 때문이다.

그렇게 한국프로야구의 본격적인 시작이라고 할 1983년의 핵심은 예상과 달리 세계야구선수권대회 우승멤버들이 아닌 재일교포들이었고, 그 해의 팀은 삼미 슈퍼스타즈와 해태 타이거즈였다.

1983년 6월의 광주대첩

1983년 6월 7일, 8일, 9일. 그 사흘 동안 광주 무등 경기장에서 1983년 전기리그 우승* 을 다투던 삼미 슈퍼스타즈와 해태 타이거즈 사이의 마지막 3연전이 열렸다. 이 세 경기의 결과가 달랐다면, 그 뒤 20년의 역사는 어떻게 바뀌었을까?

그때까지의 성적은 삼미가 24승 14패로 1위였고, 해태는 20승 1무 15패로 2위를 달리고 있었다. 30승이면 가능할 것으로 예상되던 전기리그 우승을 위해 2.5경기차로 앞서고 있던 삼미는 남은 경

* 1983년의 한국시리즈는 전·후기 리그 우승팀이 맞붙는 방식으로 진행되었다. 전기 리그 우승팀 해태 타이거즈와 후기 리그 우승팀 MBC 청룡이 맞붙어 타이거즈가 4승 1패로 우승했다.

기에서 6승 6패면 족했고, 해태는 10승 4패 이상을 해야 했다. 따라서 삼미 슈퍼스타즈의 입장에서는, 원정임을 감안한다면 1승 정도만 건져도 1.5경기차의 리드를 유지할 수 있는 여유로운 상황이었다. 반대로 제 2선발 김용남이 어깨부상으로 이탈하며 선발진이 무너진데다 20승짜리 에이스 이상윤이 삼미의 30승짜리 에이스 장명부를 상대로 힘겨운 승부를 해야 했던 해태 입장에서는 1승조차도 만만하게 보이지 않는 상황이었다.

6월 7일, 30승 투수 장명부와 20승 투수 이상윤의 대결로 1차전이 시작되었고, 투수들의 이름값대로 경기는 6회까지 서로 한 점도 내지 못하는 팽팽한 투수전으로 이어졌다. 그리고 7회 초, 4번타자 김진우가 선제홈런을 날리며 역시 예상대로 삼미가 기선을 제압해가는 듯했다. 그러나 개막 직후부터 이어진 달콤한 꿈은 거기까지였다. 곧바로 이어진 7회 말, 해태의 선두타자 김종모에게 던진 장명부의 밋밋한 직구가 120미터짜리 대형 홈런으로 되돌아 날기 시작한 그 순간, 장명부의 어깨 위에 쌓여 있던 피로감과 삼미 선수들 가슴 속에 남아 있던 설익은 자신감들, 그리고 위태롭게 이어지던 행운까지 연쇄적으로 무너져 내리기 시작했던 것이다.

홈런을 맞으며 '쉬어 가는 타이밍'을 빼앗긴 장명부는 김일권과 김준환, 김성한에게 연속안타를 맞으며 순식간에 석 점을 더 빼앗겼고, 같은 재일교포 출신 김무종의 몸을 표적삼아 마지막 공을 던지며 분풀이를 하고는 스스로 마운드에서 내려와 더그아웃에 글러브를 내던졌다. 감사용*이 마운드를 이어받았지만, 이미 가래로도 막지 못한 물살을 호미로 막을 수는 없는 일이었다. 10-1로 해태 타이거즈의 승리.

2차전에 나선 삼미 슈퍼스타즈의 선발투수는 '2인자' 임호균이었고, 그를 상대한 해태 타이거즈의 선발은 '부업투수' 김성한이었다. 비록 김성한이 지난 해 10승을 기록하긴 했다지만 1983년에는 타격 쪽으로 무게중심을 옮기며 단 3승을 올리는 데 불과했던 '알바투수'일 뿐이었다. 반면 국가대표팀 에이스로서 세계선수권대회 우승을 일구어낸 주역중 하나인 임호균은 그 해 데뷔한 프로무대에서도 12승을 기록하고 있었다. 누가 봐도 기울어지는 승부였다. 그러나 그 해 전반기 내내 장명부 못지않은 무리 속에 임호균 역시 정상적인 컨디션을 유지하지 못한 상태였다. 해태 타선을 3회까지 무안타로 완벽하게 막던 임호균이 4회 들어 갑자기 흔들리며 무사 만루를 허용하더니 김종모와 김무종에게 적시타를 맞으며 순식간에 다섯 점을 헌납했고, 끝내 분위기를 추스르지 못한 채 스스로 무너져 내렸다. 그리고 그 경기는 결국 그 해 김성한의 유일한 완봉승으로 마무리되고 말았다. 5-0. 역시 해태 타이거즈의 승리.

* 영화 〈슈퍼스타 감사용〉의 실제 모델. 원래는 삼미철강 직원이었지만 일반인을 대상으로 한 공개테스트에서 투수로 뽑혀 5년간 활동하며 1승 15패를 기록했다.

이미 승차는 반 게임으로 줄어들어 있었다. 반드시 한 경기라도 잡아야만 1위 자리를 지킬 수 있었던 삼미는 3차전에 또다시 장명부를 선발로 내보내는 수밖에 없었다. 그러나 이미 식어버린 그의 어깨는 물이 오른 김종모와 김봉연의 방망이를 이겨내지 못했다. 2회 말 김종모가 적시타를 때려 기선을 잡았고, 5회 말에는 김봉연이 3점째를 올리는 솔로홈런으로 쐐기를 박았다. 그리고 '삼미의 장명부가 아닌 장명부의 삼미'라고 불렸던 팀의 타선 역시 덩달아 풀이 죽으면서 해태 선발 주동식의 공을 겨누지 못했다. 주동식의 8.1이닝 무실점 승. 또다시 삼미 슈퍼스타즈의 3-0 완패.

승리의 공식이자 상징이며, 행운의 여신이기도 했던 장명부가 흔들리자 모든 것은 끝이었다. 그리고 삼미 선수들이 '경기고 뭐고 한시라도 빨리 무등 경기장을 떠나고 싶은 마음뿐이었다'고 회상할 만큼 지독했던 1만 5천 광주 관중들의 일방적인 응원은 삼미 슈퍼스타즈의 전의를 일찌감치 꺾어놓고 있었다. 심지어 이틀 밤 내내 삼미 선수단이 머무르던 숙소 밖에서 꽹과리를 치며 '총력전'을 벌인 시민들이 있었을 만큼 광주는 야구 열기로 달아올라 있었던 것이다.

광주의 팬들이 '광주대첩'이라고 이름 붙인 그 3연전에서 삼미는 세 경기 합해 18대 1의 대패를 당하며 2.5경기차의 선두에서 반경기차 2위로 내려앉았고, 꺾이다 못해 짓밟힌 기세는 쉽게 살아나지 못했다. 광주에서 돌아온 삼미는 이미 어딘가 넋이 빠진 모습이었고, 삼성과 MBC에게마저 맥없이 눌리며 결국 전기리그 우승의 기회를 날려버리고 말았다. 원래 한 점을 낼 수 있는 상황에서 한 점을 내는 것이 대량 득점의 첫 단추가 되는 반면, 결정적 찬스의 무산이 슬럼프와 연패의 출발점이 되는 것이 야구 아니던가.

만일 그 세 판의 경기 중 단 한 판만이라도 삼미 슈퍼스타즈가 잡았다면, 그래서 어쨌거나 한 경기 반 차이로 선두를 지킨 채 그 악몽 같은 광주 땅을 빠져나왔더라면 그 뒤로 어떤 일들이 벌어지게 되었을까. 그랬다면 분명 이어진 경기에서 그렇게 넋 나간 듯 우두커니 서 있다가 연패를 당하며 무너지는 일은 없었을 것이고, 물론 전기리그 우승도 삼미 슈퍼스타즈의 것이 되었을 것이다. 그래서 그렇게 일찌감치 한국시리즈 진출을 확정지어 놓기만 했다면, 후기리그에는 장명부와 임호균은 좀 쉬게 하고 대학무대 최고의 투수였던 김상기라든가 원년 에이스 인호봉에게도 좀 기회를 주어가며 체력도 비축하는 것이 가능했을 것이며, 새로운 승리의 공식도 찾아볼 수 있었을 것이다. 그리고 그렇게 여유롭게 한국시리즈에 나서기만 했다면 장명부와 임호균이 최상의 컨디션으로 각자 2승씩, 혹은 3승과 1승씩을 분담하며 별 무리 없이 한국시리즈 우승을 따냈을지도 모른다.

내친 김에 좀 더 상상해보자면, 우승을 한 다음에는 더 멋진 일들이 기다리고 있었을 것이다. 인천에 야구 열풍 불면서 애초에 축구나 농구나 육상을 시작했던 수재들이 대거 야구장으로 옮겨갔을 것이고, 인천고와 동산고, 제물포고는 광주일고와 군산상고와 경북고, 부산고 따위를 차례로 넉아웃 시키며 전국고교야구대회를 휩쓸었을 것이며, 그러면 멀지 않은 서울의 유망주들이 거꾸로 인천으로 야구유학을 오는 사태가 벌어졌을 것이다. 그리고 삼미에서도 달리는 말에 채찍질하듯 한 보따리 더 돈을 풀어 야구장도 고치고 어린이회원 선물도 좀 폼 나는 것으로 바꾸었을 것이며… 마스코트*도 좀 제대로 된 걸로 바꾸고, 장명부 연봉도 좀 듬뿍 찔러주어 내친 김에 40승에 도전해보겠노라는 의욕에 불을 질렀을 것이다. 거기에 더해 선수단이 '원년 꼴찌' 악몽의 그림자를 완전히 떨쳐내고 '우승 바이러스'에 흠씬 몸을 담가 좀 더 자신감 있는 몸짓으로 그라운드에 나서기 시작했다면, 분명 삼미 슈퍼스타즈는 80년대를 대표하는 강팀으로 성장했을 것이라는 상상 말

삼미 슈퍼스타즈 마스코트.

* 삼미 슈퍼스타즈의 마스코트는 '슈퍼맨'을 모델로 삼았다. '슈퍼스타즈'란 팀명은 삼미의 김현철 회장이 미국 유학시절 미식축구에 심취해 있었는데 거기서 따온 것이다.

이다.

그러나 그 모든 것이 그 반대로, 최악으로, 비극적으로 전개되기 시작한 것이 바로 그 6월 초 3연전이었고, 내가 상상할 수 있었던 모든 영광과 희망의 시나리오는 해태 타이거즈로 대신 옮겨져 풀려나가기 시작했다. 그리고 그 후 인천야구는 박정현, 최창호, 정명원의 신인투수 3총사가 나타난 1989년에 처음 플레이오프에 진출하기까지 네 번의 꼴찌를 도맡으며 깜깜한 어둠 속을 헤매야 했고, 광주 야구는 꾸역꾸역 9회 우승의 역사를 써내려가기 시작했다.

1983년, 해태 타이거즈의 첫 우승

1983년 전기리그의 주역이 재일교포 출신 선수들을 앞세운 해태 타이거즈와 삼미 슈퍼스타즈였다면, 후기리그의 주역은 MBC 청룡이었다.

전기리그 우승팀과 후기리그 우승팀이 맞붙던 시절의 한국시리즈에서는 절대적으로 전기리그 우승팀이 유리한 고지에 서왔다. 가뜩이나 선수층이 얇던 시절, 한국시리즈 직전까지 티켓 확보를 위해 달리던 팀은 투수운용 등 여러 가지 면에서 무리를 할 수밖에 없는 상황이었기 때문이다. 그러나 그 해 사정은 조금 달랐다. 후기리그 내내 욕심을 부릴 필요가 없었다고 해도 기본적인 경기일정을 소화하는 것 자체가 무리일 정도로 해태 타이거즈는 선수층이 얇았고, 반대로 청룡은 그런 무리가 그리 티 나지 않을 정도로 선수층이

두터웠기 때문이다.

청룡은 시즌 전만 해도 우승후보 1순위에 꼽히는 팀이기도 했다. 하기룡, 이길환, 유종겸에 국가대표 출신 오영일이 가세한 마운드도 단단했지만 82년에 박철순 대신 찍어놓고도 세계야구선수권대회 때문에 1년을 묵혀두었던 보물 김재박과 이해창이 합류했기 때문이다. 그들이 없이도 국내 최강의 클린업트리오(이광은 .313, 백인천 .412, 이종도 .324)를 가지고 있던 청룡이 얼마나 가공할 팀이 될 것인지는 야구팬들 뿐 아니라 전문가들도 흥분하게 만들곤 했다.

물론 '감독 겸 4할 타자' 백인천이 계약파동 끝에 시즌 중 감독 옷을 벗고 삼미로 트레이드되는 진통으로 팬들이 상상하던 '꿈의 타선'은 만들어지지 않았고, 전기리그도 접을 수밖에 없었다. 그러나 원년 해태 타이거즈에서 중도 퇴진한 '빨간 장갑의 마술사' 김동엽 감독이 6월에 지휘봉을 잡으며 분위기를 반전시키기 시작했고, 주변 환경도 좋았다. 전기리그 우승으로 이미 한국시리즈행 티켓을 따놓은 해태가 숨을 고르기 시작했고, 장명부와 임호균에게 지나치게 의존해온 데다가 이미 전기리그에 그들의 체력을 소진시킨 삼미 슈퍼스타즈가 후기리그 중반 무렵부터 다시 무너져 내리기 시작했기 때문이다. 청룡은 무난히 30승으로 후기리그에서 우승하고 한국시리즈에 합류했다. 그리고 전문가들은 6대 4 정도로 청룡의 우승을 점쳤다.

그러나 10월 15일 광주구장에서 열린 1차전, 1회 말 김성한의 첫 타석에서 승부는 갈리고 말았다. 아주 사소한 사건이었지만, 각자, 그리고 서로 계획하고 예상해왔던 모든 것이 어긋난 채 시작된 것이 바로 그 순간이었기 때문이다.

선두타자 김일권의 안타, 2번 김일환의 사구로 무사 1, 2루에 등장한 김성한이 때린 공은 3루수 앞으로 굴러가는 평범한 땅볼이었다. 정상적인 상황이었다면 3루와 2루, 혹은 2루와 1루에서 주자 두 명을 한꺼번에 잡아낼 수 있는 공이었다. 그런데 문제는 부러진 배트의 쪼가리가 공과 함께 3루 쪽으로 날았고, 순간 몸을 움찔한 이광은이 공을 놓치며 무사 만루를 허용하고 말았던 것이다. 그리고 생각지 않은 행운이 만든 기회에서 김종모와 김무종이 안타와 내야땅볼을 때렸고, 그 사이 세 명의 주자가 홈을 밟으며 승부의 균형을 깨기 시작했다. 그런데 문제는 그 석 점을 준 것에서 그친 것이 아니었다. 정말 중요한 것은 다혈질인 김동엽 감독의 분노가 폭발하며 경기운영을 그르쳤고, 선수단의 사기마저 엉망이 되어버리고 말았다는 점이었다. 채 몸까지 날아오지도 않은 배트 조각 때문에 공을 놓친 이광은의 행위는 김동엽 감독에게 용서할 수 없는 나태함의 증거였고, 이미 그런 잔소리까지 들어야 할 만큼 어리지 않다고 생각했던 '프로선수'들과 감정의 골이 생기는 계기가 되어버렸던 것이다.

선발투수 오영일은 그렇게 1회에 등판하자마자 허탈하게 석 점을 내준 데 이어 4회와 5회에도 난타당하며 7실점했다. 하지만 잔뜩 골이 난 표정의 김동엽 감독은 그저 팔짱을 끼고 앉아 있을 뿐이었고, 6회와 7회에 김인식과 이종도가 4점을 만들며 추격전을 시작해도 반전된 분위기를 잇기 위한 아무런 조치를 취하지 않았다. 그 날 오영일은 자신의 한국시리즈 데뷔전을 우울한 완투패로 기록해야 했다.

하루 만에 서울로 옮겨 치러진 2차전도 1차전의 여파가 걷히지 않은 채 이어졌다. 청룡의 홈구장이었지만 관중석의 절반 이상이 해태 타이거즈의 붉은 색으로 물들어 있었고, 경기시간 내내 '목포의 눈물' 합창이 끊이지 않았다. 청룡은 정규시즌 동안 해태를 상대로 1.45의 평균자책점을 기록했던 '해태킬러' 유종겸을 선발로 내보냈고, 해태는 주동식으로 맞섰다. 그러나 유종겸 역시 3회 대타 양승호에게 싹쓸이 2타점 2루타를 맞고 5회에는 안타 없이 사사구와 실책, 도루만으로 2점을 더 내주는 등 4실점하며 끌려갔다. 하지만 여전히 기분이 풀리지 않은 듯 김동엽 감독은 '알아서 하라'는 듯 팔짱만 끼고 앉아 있었다. 전 날 오영일에 이어 유종겸 역시 오기의

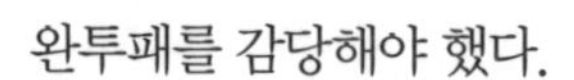

완투패를 감당해야 했다.

반면 해태의 김응용 감독은 4

1983년 한국시리즈에서 우승을 확정 지은 후 구단주 헹가레를 하고 있는 선수들.
출처 : 해태 타이거즈 팬북

대 1로 앞서던 7회 초, 무사 1,2루의 찬스가 주어지자 천하의 홈런 타자 김봉연에게 보내기번트를 시키는 집념으로 한 점을 추가하기까지 했다. 관중석에서는 좀 너무한다 싶은 야유도 흘러나왔지만, 청룡이 7회 말 곧바로 석 점을 따라오면서 그 점수가 곧 결승점이 되기도 했다.

하루를 쉬고 이어진 3차전에서는 김봉연이 혼자 5타점을 기록하며 5대 3의 승리를 따냈고, 15회 연장전까지 달리고도 승부를 가리지 못한 4차전을 지나 5차전 역시 김성한, 김종모, 김봉연이 연쇄 폭발해 8대 1로 대승하며 한국시리즈를 마무리했다. 시리즈 전적 4승 1무. 투수 쪽에서는 혼자 3경기에 등판해 2승을 따낸 주동식의 활약이 돋보였고, 타자 쪽에서는 교통사고 후유증 속에서도 19타수 9안타 8타점을 기록해 한국시리즈 MVP에 선정된 김봉연의 공이 컸다.

내내 석연치 않았던 청룡 쪽 분위기를 놓고 뒷말도 무성하게 흘러 다녔다. 삼년 전 숱한 죽음을 겪으며 맺힌 광주 사람들의 한을 달래기 위해 정권이 해태에게 우승을 넘겨주도록 압력을 넣었다는 이야기가 그것이었다. 그러나 좀 더 세월이 흐르면서 밝혀진 것은, 1차전 이광은의 실책에서 비롯된 갈등 이전에 심각한 사단이 있었다는 것이었다. 후기리그에서 우승한 선수들이 보너스 지급을 요구했지만 구단에서는 한국시리즈까지 우승한 다음에 한꺼번에 주겠다고 나오면서 진작 분위기가 꺾여 있었더라는 것이다. 어쨌든 김동엽 감독이 불과 서너 달 동안 후기리그 우승까지 달성해놓고도 쫓겨나는 비운을 겪어야 했던 것을 보면, 남에게 양보해도 될 만큼 우승이 하찮은 것은 절대 아니었음을 알 수 있다.

어쨌거나 그것이 해태 타이거즈의 첫 우승이었다. 그러나 그 뒤로 무려 여덟 번이나 반복될 역사의 출발점이라고는, 그 때는 아무도 생각하지 못했다.

프로야구, 이대로 좋아해도 되는 걸까

이대로, 좋아해도 되는 걸까? 마치 행실이 문란하기로 온 동네에 소문난 어느 술집 여자와 사랑에 빠진 순진한 시골 총각이 문득 품게 된 근심처럼, 나는 야구와의 관계에 대해 진지하게 다시 한 번 생각해봐야 했다. 중학생 시절 도덕 선생님은 이렇게 이야기했다.

"3S 정책이라는 게 있다. 독재자들이 국민들을 바보로 만들어서 쉽게 통치하려고 만든 기술인데, 세계적으로 독재국가들에서 아주 널리 애용되고 있어. 영어로 S자로 시작하는 세 가지를 국민들에게 적극적으로 보급하는 것을 말하는 건데, 스크린(Screen), 그러니까 영화 말이지. 그 다음엔 섹스(Sex), 야한 거. 그리고 스포츠(Sports), 이건 너희들도 잘 알지? 야구, 축구, 씨름, 이런 거. 이렇게 'S'로 시작하는 세 가지는 사람들에게 아주 말초적인 재미를 주고 빠져들게 해서 다른 일에는 관심을 잃게 만드는 특성이 있는데, 이런 걸 많이 보급하면 사람들이 독재를 비판하거나 저항하는 일에는 관심이 없어지게 돼. 그러면 독재자들이 자기 마음대로 나쁜 짓을 하면서도 국민들을 속이고 이용해먹기가 아주 편해진다는 거야. 일종의 마약 같은 것이지. 어때? 딱 우리나라 얘기 같지?"

도덕 선생님은 종종 교과서에 나오지 않는 이야기나 토론으로 사회적인 관심을 키워주곤 했던 분이었다. 그래서 이따금 교장실에 불려갔다가 고개를 푹 숙인 채 나서는 그 분의 모습을 보았다는 이야기가 떠돌곤 했던, 말하자면 문제교사였다. 그러나 복도에서 뛰다가 걸린 놈의 멱살을 쥔 채 손수 대차게 따귀를 왕복으로 갈겨대던 공포의 땅딸보 여자 교장 선생님으로부터 각별한 미움을 받는다는 그 이유만으로도 학생들로부터는 덤의 사랑과 존경을 받던 분이기도 했다. 그런데 그 날 갑작스레 그 선생님의 입에서 튀어나온 '3S' 라는 단어는, 마치 내가 세상에서 가장 사랑하는 여자의 사진을 꺼내 보내주며 '혹시 이 사람 보면 곧바로 신고해주세요. 아주 악질적인 사기꾼이니까…'라고 부탁하는 어느 형사의 목소리처럼 울렁거리며 나의 귓속에서 메아리쳤다.

그러니까 말하자면, 우리나라의 역대 대통령 중 유일하게 흠잡을 곳이 없다고 생각했던 전두환 대통령이(왜냐하면 눈깔사탕이 먹고 싶어 엄마에게 학용품을 산다며 10원을 얻어낸 것 말고는 단 한 번도 거짓말을 한 적이 없는데다가 삼청교육대를 만들어 사회악을 일소할 정도로 정의롭고 과단성이 있으며 국풍81과 프로야구, 프로축구, 프로씨름을 만들어 '어린이에게 꿈을, 젊은이에게 낭만을' 선사해주신 분이기 때문에), 사실은 엄청나게 뒤가 구린 구석이 많은 독재자라는 이야기였다. 그리고 그가 자신의 치부로부터 국민들의 관심을 떼어놓고 더 쉽게 지배해먹기 위해 벌인 치졸한 계략 중의 하나가 바로 프로야구라는 사실에 나는 혼란스러웠다. 그리고 나는 그의 유치한 속임수에 걸려 놀아나고 있는 가련하고 한심스런 중학생의 대표적인 사례라는 것이 선생님의 말씀 속에 담긴 뜻이었다.

하기야, 원년 삼미 슈퍼스타즈가 연패에 연패를 거듭했다고 해서 인천 시민들에게 더 높은 세율이 적용되었다거나 인천지역 고등학생들의 대학 입학 학력고사 성적이 일률적으로 삭감되었다는 이야기를 들은 적은 없었다. 물론 OB베어스 어린이회원에 가입한 아이들이 좀 더 자주 베어스 잠바를 차려입고 우승 선물로 받았다는 지우개 따위를 보여주며 거들먹거리기는 했다. 그러나 허구 한 날 안방 TV 앞에 버티고 앉아 야구경기만 보고 있던 나에게 엄마가 던지던, '도무지 야구에서 이기면 뭐가 좋은 거냐'는 물음에 마땅한 답을 떠올리기 어려웠다.

어쩌면 프로야구팀의 성적이란, 한 판이 끝나면 모니터 화면의

깜박이는 랭킹에 자기 이름의 이니셜을 새겨 넣고 뿌듯해하던 전자오락기 속 점수만큼이나 무상하고 허탈한 것인지도 모른다. 나는 왜 그렇게도 야구장에서의 승과 패에 빠져들어 정신을 차리지 못했던 것인가. 그러나 전교 1등보다도 학교 앞 전자오락실 갤러그* 기계의 최고기록 경신에 대한 열정이 더 컸고, 청보 핀토스가 우승을 하도록 할 수만 있다면 목숨을 바칠 수도 있다고 생각할 만큼 방향 없이 질주하던 중학생의 열정 앞에 그것은 하늘이 아닌 지구가 돈다는 코페르니쿠스의 말보다도 현기증 나고 아득한 이야기였다.

그러고 보니 그 몇 해 사이 프로야구와 프로축구, 프로씨름이 출범해 온통 TV방송편성표를 장악하고 있었고, 골목골목 담벼락에는 애마부인으로부터 시작한 온갖 부인시리즈를 비롯해 이런저런 야시시한 제목의 살색 영화의 포스터가 도배되어 등하굣길의 쏠쏠한 눈요깃감이 되어주고 있었다. 결국 그것들 앞에서 넋을 잃곤 했던 나의 표정, 그것이 바로 '3S'에 놀아나는 '우민(愚民)'의 전형적인 얼굴이라는 것이 아니겠는가.

그러고 앉아 있자니, 내 생각은 세상의 모든 스포츠, 모든 스크린, 모든 섹스들을 전두환과 연결시키기 시작했다. 1973년 사라예

* 1981년 일본 '남코'사가 개발한 슈팅게임. 갤러그의 '뿅뿅'거리는 효과음 덕분에 전자오락 전체가 '뿅뿅'이라는 대명사로 불리기도 했다. 원래 정확한 이름은 갤라가(galaga)였다.

보에서 열린 세계탁구선수권대회에서 우리나라 '구기 종목 사상 첫 세계제패'를 하고 돌아온 탁구선수 이에리사와 정현숙, 1982년 도쿄에서 열린 아시아여자농구선수권대회(ABC) 결승에서 경기종료와 함께 하프라인에서 던진 박진숙의 버저비터가 성공하며 64대 63으로 중공(냉전시대에 국교가 없이 적대시하던 중국공산당 정권을 지칭하던 용어)에 역전승을 거두고 돌아온 여자 농구 대표팀 선수들이 매번 거창하게 종로에서 카퍼레이드를 벌였던 것도 심상치 않았다. 그들이 선양했다는 국위가 무엇이며 나와 무슨 상관이 있는 것인지도 따져보니 분명치 않았다. 받아온 상금을 국고에 넣는 것도 아니라던데….

그러고 보면 라디오 조립키트나 싸구려 유행가 테이프 따위를 사러 청계천 거리를 배회할 때마다 첩보영화 속 정보원들처럼 소리 없이 곁으로 접근한 청계천의 아저씨들이 사라고 속삭이던 빨간 책, 빨간 비디오테이프들마저도 사실은 은밀하게 전두환 대통령이 공급해주고 있는 것임에 분명했다. 신출귀몰한다는 간첩들도 얼마 버티지 못하고 속속 잡혀 나오는 세상에서 그 많은 도색잡지와 포르노테이프들이 대통령의 보호를 받지 못하고서야 어찌 그렇게 공공연히 내 눈 앞에서 오고갈 수 있단 말이던가. 분명 안전기획부 지하 벙커 어딘가에는 대규모 비디오테이프 복제시설이 쉴 새 없이 돌아가며 온갖 '부인'과 '첫 경험'과 '욕망' 따위들을 찍어내고 있을 테고, 다른 한 구석에 꾸며진 스튜디오에선 탤런트들을 동원해 누드 사진을 찍고 뽑아 묶어대고 있으리라. 아, 거기까지 생각이 미치자, 수학공식이나 영어단어보다도 빼곡하게 타율, 평균자책점, 홈런 수 따위로 채워 넣고 있던 나의 뇌구조에 대한 혐오감이 밀려오기 시작했다.

중학교 1, 2학년이던 1986년과 1987년은 내가 처음으로 야구와 절연을 선언한 해였는데, 그 결정적인 이유가 '3S'의 충격 때문이었는지, 아니면 삼미 슈퍼스타즈가 18연패의 대기록을 달성했던 85년에 이어 86년 신장개업한 청보 핀토스가 개막전부터 내리 7연패하는 묘기를 선보였기 때문인지는 정확히 기억할 수 없다.

선동열의 굴욕적인 데뷔전

1985년, 드디어 선동열이 프로무대에 등장했다. 고교시절 봉황기 대회 경기고전에서 노히트노런을 기록하며 이름을 알린 데 이어 1981년 캐나다에서 열렸던 세계청소년선수권 창설대회 MVP에 오르며 메이저리그의 스카우트 표적이 되었던 야구 신동. 그리고 1982년 세계야구선수권대회에서 미국, 대만에 이어 결승전과 다름없던 일본과의 최종전까지 난적을 상대해 세 경기 모두 완투승을 거두며 우승을 이끌어내고 MVP 메달을 목에 걸었던 영웅.

그는 그 대회에서 실력을 발휘하지 못하고 몇 번이나 한국 팀을 위기에 빠뜨렸던 자타공인의 대한민국 최고 투수 최동원을 이미 능가하기 시작했던 것이다. 그랬기에 이미 입단 전부터 해태 타이거즈가 당시 주택복권 1등 당첨금액보다도 훨씬 많은 액수의 계약금을 걸고도 잡을 둥 놓칠 둥 애를 태우게 한 거물이 되어 있었다. 그런 그의 등장은 분명 사건이었다.

그러나 선동열의 데뷔전은 그가 계약금을 놓고 줄다리기를 하는 와중에 실업팀과 양다리를 걸치며 저지른 이런저런 법적 문제 때문에 그 해 후반기에 들어서야 치러질 수 있었다. 해태가 제시한 억대 계약금에도 코웃음을 치던 선동열은 급기야 '그깟 푼돈을 받느니 차라리 프로에 안 가고 말겠다'며 실업야구팀인 한국화장품의 유니폼을 입고 실업리그 시범경기에 등판하기까지 했던 것이다. 그런데 그것은 가뜩이나 한정된 선수들을 놓고 험하게 대립하던 프로팀과 실업팀 사이에 좋은 시비 거리였다. 결국 몸이 후끈 달아오른 광주 팬들의 성화에 등 떠밀려 계약금 1억, 연봉 1천2백만 원에 해태 유니폼을 입긴 하지만, 반대로 대어를 빼앗긴 한국화장품이 걸어온 법정싸움을 해결하느라 7월 이후에야 경기에 나설 수 있게 되었던 것이다.

첫 우승의 기세를 잇지 못하고 1984년에 다시 5위로 떨어진 분풀이를 위해 85년을 별렀던 해태 타이거즈로서는 참 아쉬운 일이었을 테고, 팬들로서도 꽤나 원망스러운 일이었다. 7월 2일 대구에서 치러진 그의 데뷔전은 당연히 뜨거운 관심을 불러일으켰다.

이래저래 관심을 끌어 모아놓고서야 치르게 된 데뷔전에서 '역시' 하는 탄성을 자아낼 수 있다면 선동열은 그대로 영웅의 위상을 굳힐 수도 있었을 것이다. 그러나 만일 반대의 결과가 빚어진다면 온갖 원망을 혼자 뒤집어써야 할지도 모르는 부담스런 일전이었다. '역시, 그만한 실력이 있으니 그리 당당했던 게지' 하는 너그러운 웃음이냐, 아니면 '고작 이 정도 실력 가지고 그리 까탈을 떨었느냐'며 혀를 차는 소리냐, 그것이 갈리는 순간이 될 것이었기 때문이다.

더구나 그 날의 상대팀은 그 해 전후기리그를 독식하며 한국시리즈 없이 우승을 차지했던, 한국 프로야구사상 최강의 팀으로 꼽히는 삼성 라이온즈였고, 맞상대로 나선 선발투수 역시 그 해 25승으로 팀 동료 김시진과 함께 공동 다승왕에 올랐던 절정기의 재일교포 에이스 김일융이었다. 1982년도 세계 최정상 팀의 에이스인 선동열이 당연히 세계 최고의 투수일거라는 순진한 꼬마 녀석들의 생각으로는 물론 선동열이 훨씬 거물일 것 같았지만, 돌아보면 이제 막 데뷔무대에 오른 신인에게 마주세운 김일융이야말로 닭 잡는 데 꺼낸 도끼였다고 해야 할지 모르겠다. 아마도 애초에 싹수를 밟아 후환을 줄이려던 최강팀 삼성의 노련한 감독 김영덕이 작심하고 던진 초강수였음에 틀림없으리라.

지금에 와서 기록을 꺼내보면 그나마 선동열이 7회까지 무실점으로 잘 버틴 무난한 경기라고 해야 옳았다. 그러나 내 기억에 남은 그날의 경기는 선동열의 무참한 굴욕일 뿐이었다. 김일융은 승패가 결정된 9회에 의미 없는 두 점을 내주기 전까지 거의 안타 하나 허용하지 않고 깔끔하게 막아갔던 반면, 선동열은 '타격의 달인' 장효조와의 맞대결에서 안타를 맞은 데 이어 어느 고비에선가는 고의사구로 도망을 다녀야 했고, 허규옥, 이해창, 박승호, 그리고 다시 김용국과 정진호에게 줄줄이 뭇매를 맞으며 8회에만 5실점을 하고 물러난 대패였던 것이다.

실망, 야유, 한숨. 굳이 해태 팬들이 아니라도 선동열이라는 이름이 가지고 있었던, 기묘한 위압감의 주술에 빠져 있던 야구팬들 대부분이 느끼던 감상이었을 것이다. 물론 지금 와서 생각해보면 그나마 신인으로서 장하고 대담한 출발선이라고 해야 옳았을 성적이었다. 하지만 멋대로 일 년 내내 안타 하나 맞지 않는 야구만화 속 절대강자 쯤으로 그려놓고 걸어놓은 기대에 미치지 못했다고 해서 덜컥 실망이라는 낙인을 찍어대던 그 시절. 생각하면 선수들에게야 얼마나 매정하고 당황스런 시절이었을까.

선동열은 그 해 시즌을 절반 밖에 뛰지 못하고도 111이닝을 던지는 수고를 감수했고, 그러면서도 경기당 1.70점만을 내주는 짠물투구로 데뷔 첫 해 평균자책점 부문 개인타이틀을 따내는 활약을 했다. 그러나 그가 거둔 승수가 7승에 불과하다는 이유로, 다시 말해 시즌을 절반만 뛰고도 거의 매일 승리를 올려 15승이나 20

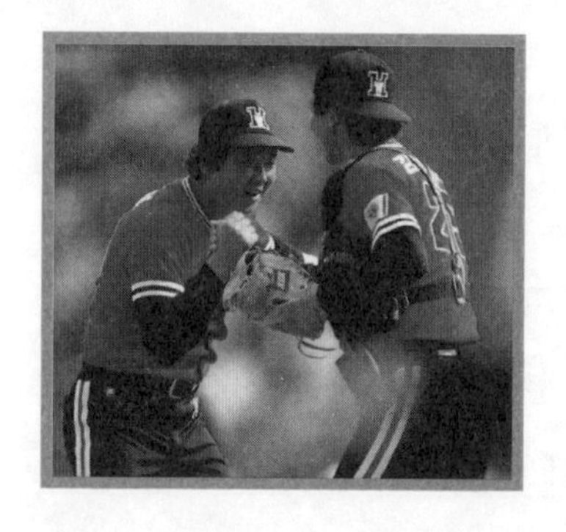

해태 타이거즈 시절 선동열이 포수 김무종과 함께 승리에 환호하는 모습.
출처 : 해태 타이거즈 팬북

승 쯤 만들어 내리라는 터무니없는 '기대'에 한참 '미달'되었다는 이유로 팬들 속을 쓰리게 했다. 물론 해태 타이거즈가 또다시 정상 탈환에 실패하고 중위권으로 밀려난 채 삼성 라이온즈의 독주를 속수무책 지켜볼 수밖에 없었던 상황에서 맛본 상대적인 무기력감이었는지도 모른다(그 해의 신인왕 트로피 역시 한 해를 온전히 보내며 3할 타율에 31개의 도루를 기록한 입단 동기 이순철에게 양보해야 했다).

그러나 진정한 선동열의 시대는 그 이듬해부터였다. 물론 진정한 '타이거즈 왕조시대'의 개막도 그 이듬해인 1986년부터였다.

해태 타이거즈가 써내려간 '가을의 전설'

해태 타이거즈는 강팀이었다. 특히 4년 동안 연속으로 우승했던 1980년대 후반에는 정말 강한 팀이었다. 그러나 그 연속우승의 4년 사이에도 정규시즌까지 석권한 '최강의 팀'이었던 것은 1988년, 단 한 번 뿐이었다. 해태 타이거즈는 남아도는 전력으로 아무 때나 이길 수 있는 팀이 아니라, 꼭 이겨야 하는 순간에 힘을 모아 반드시 이기는 팀이었다. 무지막지한 도끼 같은 팀이 아니라 예리한 칼날 같은 팀이었던 것이다.

1986년, 한국야구위원회는 시즌 운영방식을 대대적으로 뜯어고쳐야 했다. 바로 한 해 전인 1985년, 삼성 라이온즈가 전기리그와 후기리그를 모두 석권함으로써 한국시리즈를 생략한 채 우승컵을 가져가버렸기 때문이었다. 물론 우승컵이야 누가 가져가더라도 가져가는 것이지만, 한국시리즈를 생략할 수도 있다는 것은 심각한 문제였다. 한 경기당 1억 원에 육박했던 입장수입도 아까웠지만, 일 년 중 가장 밀도 있게 프로야구에 대한 관심을 끌어올 수 있는 기회를 그냥 날려버린다는 것은 있을 수 없는 일이었다. 그래서 1986년부터는 전, 후기리그에서 각기 1위와 2위를 한 팀들에게 포스트시즌 티켓을 한 장 주고, 티켓 두 장을 가진 팀은 한국시리즈에 직행하며 나머지 팀들이 플레이오프를 치러 한국시리즈행 티켓의 주인을 가리는 방식으로 변경했던 것이다. 그 1986년, 전기리그 우승팀은 삼성이었고, 후기리그 우승팀은 OB였다. 그러나 한국시리즈에 직행한 것은 해태 타이거즈였다. 전후기리그 모두 2위를 차지하며 '두 장의 티켓'을 손에 넣었기 때문이다.

이듬해인 87년에는 더 아슬아슬했다. 후기리그에만 간신히 2위에 턱걸이해 3전 2선승제 플레이오프에 진출한 해태 타이거즈는 OB 베어스에 먼저 1패를 당한 데다 4차전 9회말 투아웃 상황까지 3대 2로 뒤지며 탈락 일보 직전까지 몰렸던 것이다. 그러나 그 순간 유격수 유지훤 앞으로 땅볼을 굴린 김성한이 필사의 질주로 1루에서 세이프 되며 3루 주자를 불러들여 동점을 만들었고, 그렇게 기사회생한 해태는 연장 10회 말 상대 투수 최일언의 끝내기 폭투로 그 경기를 따낸 데 이어 5차전까지 잡아내며 가까스로 한국시리즈에 진출할 수 있었다.

1989년에는 다시 한 번 우승팀 선정과정에 변화가 있었는데, 전기리그와 후기리그를 나누지 않고 한 해를 통합시즌으로 치르기로 한 것이었다. 해마다 전기리그 초반에 불의의 연패를 당하며 어차피 2등 안에 들 가망이 없다고 계산한 팀들이 후기리그를 준비하며 전기리그 남은 경기들을 포기하는 맥없는 풍경들은 연출했기 때문이다. 그래서 항상 시즌 중반을 지나면 관중 수가 급격히 줄어들 뿐 아니라, 승부 조작의 가능성마저 상존하게 하는 제도적인 허점이 여러 면에서 프로야구 흥행을 방해한다는 판단 때문이었다. 그리고 그렇게 제도가 바뀐 첫 해인 1989년 정규시즌 최강팀은 빙그레 이글스였다. 이정훈, 이강돈, 장종훈의 다이너마이트 타선이 본격적으로 가동되기 시작한 데다가 이상군, 한희민에 송진우가 가세한 마운드에 빈틈이 보이지 않는 팀이었고, 그런 단단한 전력으로 2위팀 해태 타이거즈를 5.5경기 차로 따돌리고 한국시리즈행 직행 티켓을 선점했다.

그러나 그렇게 해마다 2인자, 혹은 3인자로 가을무대에 등장한 해태 타이거즈는 어김없이 한국시리즈를 휩쓸었다. 86년 4승 1패, 87년 4승 무패, 88년 4승 2패, 89년 4승 1패. 그 4년 동안 한

1989년 한국시리즈 우승 후 김응용 감독을 선수들이 헹가래 하는 모습.
출처 : 해태 타이거즈 팬북

국시리즈에서 삼성과 빙그레와 각각 두 번씩 대결하며 열여섯 번 이기는 동안 단 네 경기만 내준 꼴이었고, 이렇다 할 위기의 순간마저 별로 연출하지 않은 압도적인 승리였다.

역시 그렇게 '이겨야 할 때 이길 수 있는' 비법의 중심에는 선동열이 있었다. 86년부터 89년 사이 한 해 평균 193이닝을 던지며 경기당 평균 1.06점만 내주고 75승과 30세이브를 만들어낸 '슈퍼에이스'였던 그는 경기 시작 전부터 해태에게 1승을, 상대팀에게 1패를 미리 계산에 넣도록 하는 선수였다. 물론, 한국시리즈에서만큼은 그 역시 묘하게 일이 꼬이는 징크스를 가지고 있었다. 86년부터 89년 사이 그는 한국시리즈에서 8번이나 등판했지만 성적은 고작 2승 1패였다. 야구선수로서 받았음직한 상은 모두 받아보고 해봄직한 기록은 모두 만들어 본 그였지만 단 한 번도 한국시리즈 MVP에 선정되지 못한 것이 또한 선동열이었다. 그러나 그것은 그리 중요한 것이 아니었다. 선동열은 상대팀 감독과 선수들에게 이미 '도저히 당할 수 없는 상대'라는 공포심을 주는 이름이었기 때문이다. 상대팀 감독들은 흔히 선동열이 등장하기 전에, 혹은 선동열을 피해가며 승부를 결정짓기 위해 무리수를 두었고, 그런 무리수의 빈틈을 놓치지 않고 파고들어 숨통을 끊어놓은 투수가 김정수와 문희수였다.

데뷔 첫 해 3승을 올리며 한국시리즈 MVP에 올랐고 한국시리즈에서만 통산 7승을 기록한 '가을까치' 김정수. 역시 한국시리즈에서만 25.1이닝 무실점이라는 '살벌한' 기록을 남긴 문희수. 그 두 명의 투수는 선동열이 갑작스런 손가락 물집, 혹은 갑작스런 허리 통증으로 미처 마무리하지 못하고 떠난 마운드에서, 혹은 선동열을 피해가기 위해 변칙 등판한 상대 팀 에이스와 마주한 곳에서 상대방에게 치명타를 날린 복병이었다.

그러나 도무지 득점 찬스를 놓치는 법이 없었던 타선의 집중력을 빼놓고는 해태의 우승 신화를 말할 수 없다. 야구전문가들 사이에 '클러치 타자'라는 것이 과연 존재하는 것이냐는 논쟁이 있지만, 해태 타이거즈라는 '클러치 팀'의 존재를 놓고 보면 회의론자들의 말문이 막힐 법하다. 정규시즌과 한국시리즈를 막론하고 막강했던 김성한과 86년부터 해태 유니폼을 갈아입고 비로소 '해결사'라는 별명을 얻게 된 한대화만으로도 중심타선의 득점력은 월등했다.

역대 해태 타이거즈 우승 기록

연도	경기	승리	패전	무	승률	득점	실점	타율	방어율	상대
1983	5	4	0	1	1.000	29	13	0.312	2.12	MBC
1986	5	4	1	0	0.800	23	16	0.265	2.57	삼성
1987	4	4	0	0	1.000	20	8	0.271	2.00	삼성
1988	6	4	2	0	0.667	19	25	0.260	2.55	빙그레
1989	5	4	1	0	0.800	19	11	0.269	2.05	빙그레
1991	4	4	0	0	1.000	29	11	0.234	2.25	빙그레
1993	7	4	2	1	0.667	21	22	0.207	2.65	삼성
1996	6	4	2	0	0.667	22	12	0.217	1.47	태평양
1997	5	4	1	0	0.800	25	17	0.272	2.45	LG
계	**47**	**36**	**9**	**2**	**0.800**	**207**	**135**	**0.255**	**2.25**	

그러나 83년에는 정규시즌 0.280에 불과했던 김봉연이 한국시리즈에서는 19타수 9안타 8타점으로 날았고, 87년에는 정규시즌 0.204의 빈타에 허덕였던 김준환이 한국시리즈에서는 12타수 6안타, 결승타점 두 개를 포함한 4타점을 쓸어 담으며 각각 MVP가 되기도 했다.

요즘 선수들이 자유계약을 앞둔 해에 생애 최고의 성적을 올리는 것을 흔히 볼 수 있듯, 기록이라는 것은 어느 만큼은 '마음먹은 대로' 나오기도 하는 것이며, 어느 만큼 실력의 뒷받침을 전제한다면 '이기고 싶은 마음이 더 큰 쪽이 이기는 것이 야구'라는 말도 일리가 있는 것이다.

1987년 6월 29일
오늘 찻값 공짜

1987년 봄과 여름. 서울은 통째로 화생방실습장이 되어버렸다. 그리고 시도 때도 없이 어디선가 날아오는 최루가스에 눈물콧물 범벅이 된 채 골목 어느 구석에든 주저앉아 숨을 고르는 일이 서울시민들의 일상이 되어버렸다. 어머니는 가족들이 집을 나설 때마다 매일 밤 다시 빨아서 곱게 개어둔 손수건 챙겨주는 일을 잊지 않으셨고, 거리 상인들은 틈만 나면 고무호스를 끌어와 길바닥에 수돗물을 뿌려대며 욕지기를 씹어댔다.

내가 다니던 중학교는 서울의 서쪽 제일 끝에 붙어 있는 연신내라는 변두리 동네에 있었지만, 그곳까지도 어김없이 날아오는 최루가스 연기는 종종 이유 없이 교실을 울음바다로 만들어버렸다. 그리고 그 아비규환이 절정으로 치닫던 6월 한복판에 선풍기 한 대 없던 우리 교실은 창문마저 꼭꼭 닫아 걸어둔 채 빼곡히 채워 앉은 60여 아이들의 노릿한 체취가 진동하는 한증막이었다.

그래서 6월 29일, 마치 길고 길었던 장마구름이 걷히고 언덕마다 무지개가 떠오른 것만 같았던 그 청량한 날의 거리를 나는 아직도 잊지 못한다. 민주'정의'당 대표의원 노태우가 무언가를 '선언'하자마자 온 세상 사람들이 만세를 외치는 듯했고, 순식간에 세상의 모든 것들은 제자리를 찾아가기 시작했다. 골목마다 일상에 절어 있던 매운 최루가스를 씻어내는 물청소의 물결이 일렁였고, 어느 다방 주인이 '오늘 찻값 공짜'라는 벽보를 내걸었다는 흐뭇한 소문이 입에서 입으로 흘러 다녔다. 과일장수 아저씨부터 떡볶이 집 아줌마까지, '잘된 일'이고 '다행'이라는 말소리가 메아리를 치는 듯했다. 세상이 한 번 뒤집어지느라 그런 독한 먼지가 일었나보다, 하는 생각이 물정 모르는 중학생의 머릿속에도 스쳐갔다.

'축제'라는 것이 그런 것 아닐까? 딱히 무슨 잔치가 벌어진 것도 아니고 얻어먹을 음식도, 거창한 구경거리도 없지만 사람들마다 무언가 들뜨고 흥분된 기운을 느끼던 그 무렵. 몇 해 전 밤낮 없이 잔치를 벌였던 '국풍81'때보다도 세상은 훨씬 싱싱한 활기를 내뿜었고, 풍경에는 혈색이 돌았다. 그 해 가을의 개헌찬반국민투표와 겨울의 대통령선거, 그리고 이듬해 봄의 국회의원 선거가 모두 그런 축제의 한 마당씩이었다. 박정희와 전두환 치하에서 16년과 7년, 아니 내친 김에 더 거슬러 올라가면 이승만으로, 미군정으로, 조선

총독부로 휘둘려 다니며 그 무지막지한 폭력 앞에 눈 깔고 숨죽여 왔던 사람들이 '이래도 되는지 몰라' 하는 불안한 눈빛으로 사방 기웃거리면서도 투표소를 향했다. 대통령 선거만 놓고 보면, 온갖 감시와 회유와 조작으로 점철되어온 협잡질들마저 선거라고 쳐준다 하더라도 국민들이 직접 참여하는 것이 무려 16년만의 일이었다. 그리고 국회의원 선거에서 연출한 여소야대라는 초유의 정치질서는 청문회로 이어졌다. 1988년 가을부터 이듬해까지 일 년 내내 서슬 퍼렇던 5공화국 실력자들이 발뺌하고 변명하고 둘러대느라 진땀을 빼는 진풍경이 TV의 최고 인기프로그램이 된 것이다.

그 중에서도, 뒷날 대통령이 된 초선의원 노무현이 천하의 장세동과 현대그룹 정주영의 말문을 딱 막히도록 예리하게 몰아붙여 스타로 떠올랐던 '5공 비리 청문회'도 재미있었지만, 역시 사람들의 눈과 귀를 끌어당긴 것은 '광주 청문회'였다. 초등학생 시절 선생님이 말씀하셨던, 간악무도한 간첩들이 흘리고 다닌다던 그 황당무계하고도 무시무시한 유언비어의 내용이 모두 사실이었다는, 그래서 아무리 줄여 잡아도 수백 명이 넘는 무고한 시민들이 대한민국 최정예 공수부대원들의 무자비한 총칼에 난자당해 죽어갔다는 사실이 차근차근 흘러나오던 그 청문회 방송의 충격을 지금 무엇으로 비유할 수 있을까.

도로도 전기도 통신도 모조리 끊어버린 채, 광주라는 도시 하나를 포위하고 장갑차와 헬기와 기관총을 동원해 밀어붙인 살육극.

그래서 어린 시절 새벽녘 몇몇 대학생들이 동네 골목에다 뿌리고 도망치던 전단지 속 눈알과 뇌수가 엉망으로 튀어나온 끔찍한 진흙덩이 같은, 혹은 삶은 돼지고기 따위로 얼기설기 엮어 꾸며놓은 악랄한 조작물 같던 시체들의 사진이 모두 그 살육극이 낳은 진실이었다니.

광주 청문회가 이어지던 무렵, 나는 처음으로 인민군이 아닌 국군에게 쫓기는 악몽을 경험했다. 시간과 공간은 1980년 5월 언저리 어느 아스팔트 위로 옮겨졌고, 배경에는 와이셔츠와 블라우스 바람에 진압봉으로 두들겨 맞는 아저씨 아줌마들의 비명이 깔렸으며 내 목과 콩팥을 향해 아찔하게 달려드는 것은 M16 소총 주둥이에 꽂힌 시퍼런 총검이었다. 그러나 그 충격은 그저 허약한 꼬맹이들 꿈자리나 헤집어놓는 것으로 끝나지 않았다. 그것은 동시대인들의 삶 속에 깊숙이 스며들었고, 그 수많은 사람들의 삶과 그들이 구성하고 끌어간 역사의 궤적을 움직였기 때문이다.

지구가 태양을 돈다는 헛소리를 지껄이는 놈을 보면 곧장 성당이나 수도원에 신고해서 사회의 안전을 지켜야 한다고 배우며 자라온 소년이 어느 날 문득 진실을 알게 되던 순간의 충격 같은 것이었을까. 아니, 태양과 지구 중에서 무엇이 무엇을 도느냐 하는 것이야 그 시절에도 나 같은 동네꼬마들에게는 그저 그런가보다 인정하고 말면 그뿐인 문제였을지도 모른다. 그러나 죄 없는 남녀노소가 그렇게 믿고 의지하고 선망해왔던 군인아저씨들의 총과 칼에 무참히 짓밟혔다는 이야기가 악의적인 거짓말에서 '진실'로 뒤바뀌는 순간은, 막 사춘기에 접어들던 한 소년을 국가와 권력과 군대, 그리고 교육과 언론과 인간의 생명에 대해 이전과는 절대 같아질 수 없는 감성과 인식의 영역으로 끌어들이기에 충분했다. 물론 집단적인 사춘기를 앓고 있던 한국이라는 나라 안에서 살아가던 그 누구인들 그렇지 않았겠는가.

광주항쟁은 국가니 민족이니 무엇 무엇이니 하는 일체의 허울 아래 숨겨져 있던, 권력을 쥔 자들은 언제나 그 '국민'들을 향해 총칼을 들이밀 수 있는 존재라는 싸늘한 진실을 드러내주었다. 그리고 합리성과 평화와 인권과 구원의 상징이었던 미국 역시 그들의 전략과 국익을 위해서라면 벌건 대낮에 수백 명이 제나라 군인들에 난자당하는 살풍경을 뒷짐 지고 외면할 수 있는 이들이라는 현실을 분명히 알게 해주었다.

그 무렵 이후 내 인생에서, 그리고 우리 세대와 한국인들에게 '광주'란 더 이상 단순한 하나의 지명(地名)에 머물지 않았고, 문득 스치는 발음에도 피비린내와 죽음 같은 두려움과 눈물, 죄책감, 자괴감을 떠올리는 단어가 되고 말았다.

DJ vs YS, 양김시대

김영삼과 김대중. 이니셜에서 따온 YS와 DJ라는 애칭으로 불리기도 하지만, '양김시대'라는 이름으로 1970년대부터 1990년대까지 무려 40여 년의 한국정치사를 상징하기도 하는 인물들. 그들은 함께 민주화운동을 대표해왔고, 함께 반독재투쟁을 이끌어온 동지이기도 하지만, 동시에 그 40년간 한 치의 양보도 없이 맞서온 절정의 라이벌이기도 했다.

거제 앞바다 대계도(큰닭섬)에서 실질적으로 섬의 주인이자 열 척이 넘는 배를 부려 멸치어장을 운영하던 갑부의 아들로 태어난 김영삼은 서울대학교로 유학하며 일찍부터 가문의 재력을 발판 삼아 정계의 거물들과 교류할 수 있었다. 대학 재학 중에 이미 거물정치인 장택상의 비서로서 정계에 입문했고, 그 후광을 받으며 1954년

제 3대 국회의원 선거 때는 자유당 공천을 받아 고향 거제도에서 출마해 불과 스물여섯의 나이에 사상 최연소 기록을 세우며 당선되는 신화를 만들기도 했던 것이다.

반면 김대중은 전남 목포 앞바다의 섬 하의도에서 소작농의 아들로 태어나 목포 상업고등학교를 졸업하고 해운회사, 언론사, 정치조직을 오가며 바닥부터 사회경력을 다져올리기 시작했다. 그리고 그 역시 김영삼과 같은 3대 국회의원 선거 때부터 도전장을 냈지만, 그와 반대로 세 번이나 내리 낙선하는 쓴맛을 보는 것으로 정치 인생을 시작해야 했다.

애초에 야당으로 출발한 김대중과 여당으로 출발한 김영삼의 길은 달랐다. 그러나 김영삼이 이승만의 3선 개헌에 반대하며 탈당해 야당에 합류하면서 두 사람은 같은 배를 타기 시작했다. 그리고 1968년, 신민당 원내총무 직을 걸고 처음으로 맞대결을 벌이며 길고 긴 맞수의 관계가 시작됐고 그제껏 그래왔듯, 그 첫 대결의 승자는 김영삼이었다. 김대중이 신민당 당수 유진오의 원내총무 지명을 받고도 의원총회의 인준을 받지 못해 낙마하자, 김영삼이 대신 그 자리를 차지하며 만 40세에 제1야당 원내사령탑이 되는 또 하나의 '최연소' 기록을 만들어냈던 것이다.

그러나 맞대결의 제 2막은 김대중의 승리였다. 1970년은 이듬해 열릴 대통령 선거 후보 자리를 두고 맞붙은 40대 초중반의 두 사람이 명승부를 벌이며 한국정치사에 '양김시대'라는 새로운 장을 연 해였다. 당시 경선 1차 투표에서는 유진산 당수의 공개적인 지지 선언을 받은 데다가 경력과 당내 입지 면에서 압도적이었던 김영삼이 1위를 했지만, 2위에 그쳤던 김대중이 발 빠르게 1차 투표 탈락자인 이철승 등과 손을 잡으며 2차 투표에서 극적으로 역전승을 일구어냈던 것이다. 결국 그 경선 승리의 결과 김대중은 순식간에 박정희와 맞서는 야당의 대표적인 인물로 떠오를 수 있었다.

하지만 그 때문에 김대중은 박정희의 집중적인 견제와 탄압을 받으며 망명, 납치, 암살위협, 연금 등으로 발이 묶여야 했고, 그 사이 김영삼은 꾸준히 국회에 진출해 하나씩 요직을 점령하며 야당의 또 다른 얼굴로 성장하고 있었다. 김대중이 제도권 밖으로 밀려난 채 '재야세력의 대부'로 자리매김 되는 사이 1974년과 1979년 신민당 전당대회에서 총재로 선출된 김영삼은 '야당의 얼굴'로 자리 잡았던 것이다.

박정희 정권과 전두환 정권이 YH농성유혈진압, 부마항쟁, 광주항쟁으로 이어지며 폭력에 의지해 정권을 연장하던 시기에는 두 사람도 손을 잡고 나란히 길을 걷는 듯했다. 김대중이 일본에서 납치되어 끌려와 가택연금을 당하던 시기, 김영삼 또한 의원직을 제명당한 채 가택연금을 당해야 했고, 김대중이 내란음모의 죄를 뒤집어쓰고 사형선고를 받았을 때 김영삼 역시 광주학살에 항의하며 23일간 목숨을 건 단식을 이어가기도 했다. 유력 정치인들이 모조리 정치활동을 금지당하고 있던 1985년에는 두 사람이 민추협(민주화추진협의회)을 함께 결성해 전두환 정권에 맞서는 실질적인 야당의 역할을 했고, 정치활동이 다소 자유로워진 이듬해부터는 신민당을 함께 만들고 이끌며 '민정당 2중대'*들을 단숨에 제치고 제대로 된 야당을 복원하기도 했다. 그러나 1987년 6월 항쟁을 통해 직선제 개헌이 이루어지고, 16년 만에 국민들의 직접참여로 대통령선거가 치러질 수 있게 되자, 두 사람은 곧바로 다시 경쟁 관계에 돌입했다.

6월 항쟁 과정에서 신민당의 이민우 총재가 전두환 대통령과 만난 뒤 대통령 직선제를 포기할 수도 있다고 밝히는 등 타협적인 자세로 나오자 두 사람은 함께 탈당해 통일민주당을 만들었다. 그러나 대통령 후보를 뽑는 문제를 놓고 두 사람은 의견을 좁히지 못했다. 내내 야당 내에서 활동한데다가 영남 출신으로서 더 광범위한 기반을 가진 김영삼은 통일민주당 대의원들의 투표를 통해 후보를 뽑자고 주장했다. 하지만 오랜 기간 정당을 떠나 있었던 김대중은 재야를 포함한 전체 민주화운동 세력들을 참여시킨 가운데 후보를 선출해야 한다고 맞섰다. 어차피 두 사람은 뚜렷하게 구분되는 지지기반을 가지고 있었기에 선출방식은 곧 승패와 직결되어 있었고,

* 쿠데타 세력에게 협력함으로써 정치활동 규제를 피해갈 수 있었던 이들로만 이루어진, 실질적으로는 여당과 다름이 없던 야당들을 가리킴. 구체적으로는 민주한국당(총재 : 유치송)과 한국국민당(총재 : 이만섭)을 지칭했는데, 1985년 이전까지 그 두 정당을 비롯한 모든 야당들이 청와대와 안기부의 직접적인 통제를 받아 움직였다.

어느 한 쪽의 양보 없이는 결론이 내려질 수 없는 문제였다. 결국 김대중은 자신의 지지세력을 이끌고 다시 탈당해 평화민주당을 창당했고, 두 개의 야당과 두 사람의 야당지도자는 나란히 대통령선거에 나서고 말았다.

전두환의 친구이자 후계자인 민주정의당의 노태우, 박정희의 처조카이자 역시 계승자 격인 신민주공화당의 김종필, 그리고 박정희와 전두환 정권 아래서 내내 함께 저항하며 민주화운동 세력의 리더 역할을 해왔던 김영삼과 김대중. 언론에서는 그 네 사람의 경쟁구도를 흔히 '1노3김'이라고 부르기도 했다. 그러나 실질적으로는 전두환을 잇는 군사독재정권의 연장이냐, 아니면 그것과 피 흘리며 맞서 싸워온 민주화운동을 대표하는 새 정부의 탄생이냐를 판가름해야 하는 무대였다.

'군사독재정권종식'이라는, 너무나 당연하면서도 오래 지체되어온 목표를 위해 열심히 싸워왔다는 공통점이 크게 부각되어서인지 두 사람이 따로 내세울 만한 것은 별로 없었다. 그래서 서로 자신이 야권의 단일후보가 되어야 한다는 주장의 근거는 정치공학적인 관점에서 전략과 전술에 관한 것들이었다.

김영삼은 유권자의 수가 적은 호남보다는 영남 출신인 자신이 더 유리하다는 점을 강조했다. 자신이 야권의 단일후보가 된다면 수도권을 제외하고 가장 많은 유권자가 밀집한 부산과 경남에서의 득표는 물론이고, 노태우의 핵심 지지기반인 대구 경북 지역에서도 크게 밀리지 않을 수 있다는 이야기였다.

반면 김대중은 김영삼보다 정치적으로 더욱 험난한 길을 걸어오며 쌓아온 이력과 호남이라는 독점적인 지지기반을 가진 자신이 오히려 유리하다고 반박했다. 영남에서도 민주화의 대의에 동의하는 유권자들은 자신을 지지할 것인 반면 보수적 유권자들은 노태우와 김종필의 지지로 분열될 것이기 때문에, 고정 지지세력을 가진 자신이 유리하다고 본 것이었다. 심지어 김대중은 김영삼과의 후보단일화가 실패한다고 해도 자신이 당선될 것이라는 자신감까지 보였는데, 이른바 '4자 필승론'이었다. 즉 노태우와 김영삼과 김종필이 영남을 중심으로 한 비호남지역 유권자들을 분점할 것이기 때문에 호남에서의 압도적인 지지와 수도권에서의 우세를 확보한 자신이 가장 유리하다는 논리였다.

1987년 대선 당시 김대중 후보와 김영삼 후보의 유세 장면. 출처 : 한겨레 21

다른 한 편 김영삼은, 김대중은 혹시 집권하더라도 군부 등이 복종하지 않을 것이고 결국 쿠데타가 반복될 우려가 있다며 협박을 하다시피 했다. 반면 김대중은, 자신이 출마하지 않으면 거리에서 자신과 더욱 밀착된 채 싸워왔던 민주화운동 세력들이 폭동을 일으킬지도 모른다고 했다.

물론 양쪽의 논리는 모두 아전인수격이었다. 정치학자들은 관권과 금권의 위력, 반공안정심리, 관성적으로 움직이는 노인들의 표 등을 합해 대략 30~40퍼센트 정도가 여당의 고정표라고 보았고, 그 나머지를 모아 과반수의 득표를 하느냐에 야당의 성패가 달렸다고 분석했다. 다시 말해 '뭉치면 살고, 흩어지면 죽는다'는 것이 당시 코흘리개 아이들도 알 수 있는 선거판도였다.

물론 말은 말이고, 사실은 사실이다. 두 김 씨 또한 그런 진실을 모를 리는 없는 것이었고, 선거전에 들어서자 초반 기선을 잡기 위해 각자 불꽃 튀기는 총력전을 감행했다. 선거전을 통해 '한 쪽의 압도적인 우세'가 입증되기만 한다면, 정권교체를 열망하던 유권자들이 알아서 한 쪽으로 표를 몰아줄 것으로 기대했기 때문이었다.

두 김 씨는 경쟁적으로 대규모 군중연설을 이어갔다. 주말이면 한강백사장, 여의도공원, 전남대와 부산대 운동장 등에서 미처 카메라 앵글이 다 잡아낼 수 없을 정도의 대군중이 모여들었고, 각 선거캠프는 '백만 군중', '이백만 군중', '사백만 군중'이 모였다고 주장했다.

그러나 그렇게 과열된 분위기는 두 가지 점에서 선거를 그르쳤다. 첫째는 단상에서 그 군중의 물결을 마주한 김영삼과 김대중 두 사람이 평정심을 잃고 자만심에 빠지며 단일화 없이도 승리할 수 있다는 망상을 품게 했다는 점이었고, 둘째는 곧 유세장 폭력사태로 연결되며 결정적으로 야당후보의 분열과 지역주의 발호로 연결되었다는 점이었다.

11월 중순에 들어서면서 김영삼과 노태우는 광주와 전주에서 계란과 돌멩이 세례를 받았고, 김대중은 부산에서 유세를 시작도 하지 못한 채 쫓겨나야 했다. 남의 동네에서 돌을 맞고 돌아온 세 후보를 향해 고향 사람들은 더욱 경쟁적인 지지를 보냈고, 그런 과정이 되풀이되며 사상 최악의 지역 간 표 분할이 이루어지고 말았다.

개표함을 열자, 김영삼과 노태우가 각각 부산 경남과 대구 경북에서 과반수 이상의 표를 얻었고, 김대중이 광주 호남에서 8할 이상의 표를 얻었다. 그러나 전국을 놓고 보면 노태우가, 애초부터 전문가들이 예상한 선에서 벗어나지 않은 37퍼센트를 득표했고, 김영삼이 27퍼센트, 김대중이 26퍼센트를 얻었다. 뭉쳤으면 승리했을 싸움에서 두 사람은 끝내 분열했고, 6월 29일에 승리의 만세를 불렀던 시민들은 닭 쫓던 개가 된 심정으로 무너져내렸다. 김영삼과 김대중, 두 사람의 삶에서 국민과 역사를 앞에 두고 가장 먼저 사죄해야 할 바로 그 장면이었다.

그가 불펜에서 몸을 풀면 경기는 끝났다

농구와 달리 야구는 걸출한 한 명의 선수가 팀 성적을 홀로 이끌기 어려운 종목이다. 타자 하나가 아무리 날고 긴다 한들 안타를 '칠 확률이 못 칠 확률보다 높은' 선수는 없으며 혹시 타율이 4할쯤 되는 대타자가 하나 있다 하더라도 도저히 그를 상대하기 어렵다고 생각한 투수가 볼넷 하나 주고 내보낸 뒤 나머지 여덟 명의 타자들만 공략하겠다고 나온다면 별 수 없는 일이기 때문이다.

또 '야구는 투수놀음'이라고들 하지만 투수도 예외가 되지는 않는다. 투수 하나가 아무리 용가리 통뼈를 삶아 먹었다고 한들 열 경기 나와 열 경기 다 호투하는 경우는 없는데다가 매일 벌어지는 경기에 개근할 수도 없다. 상대 팀으로서도 그 투수가 나오는 하루를 포기하는 것으로 액땜했다 생각하고 나머지 사나흘에 전력을 집중

하면 그리 손해나는 일도 아니기 때문이다. 그러나 물론 그것은 일반적인 경우, 특별하지 않는 선수에 한해서만 옳은 얘기다. 예컨대 0.99 같은 숫자로 이루어진 평균자책점이 야구기록지에 등장하기 시작하면 얘기는 좀 달라질 수도 있다.

한 명의 투수가 일 년 동안 9이닝으로 이루어진 한 경기를 던질 때마다 평균적으로 몇 점씩을 내주었는가를 보여주는 것이 말하자면 '평균자책점'이다. 그래서 대개 한 해 100이닝 이상씩 던지는 선발투수의 경우에는 4점 이하면 수준급으로 보아주며 2점대 초반쯤 되면 평균자책점 부문의 타이틀을 노려볼 수도 있는 초특급으로 인정된다. 실제로 2008년까지 27년의 한국프로야구 역사를 돌아보면 12명의 투수들이 2점대의 성적으로, 심지어 한 명은 3점을 넘어가는 성적으로 '평균자책점왕' 타이틀을 차지하기도 했다. 그것은 달리 말하면 한 경기에서 투수가 4점 이하로 내준 경기를 이기지 못하는 것은 이미 투수의 책임은 아니라고 보아야 한다는 것이며, 3점 이하로 막아준다면 승패를 떠나 박수를 받을 만한 일이 된다는 것을 의미하는 것이기도 하다.

그런데 선동열이 프로 데뷔 2년차인 1986년에 기록한 평균자책점이 바로 0.99였다. 그것도 웬만한 수준급 선발투수들의 두 배쯤 되는 262.2이닝이나 던져 24승과 6세이브를 거두면서 기록한 평균자책점이었다. 다시 말해, 컨디션 좋고 대진운 좋은 날만 골라서 던지며 '관리'해낸 기록이 아니라, 그 해 내내 닥치는 대로 등판해 몸이 부서져라 던져대고도 1경기(9이닝)당 1점도 채 내주지 않았음을 의미하는 숫자였다.

일부러 맞춘 듯 경계선에 선 채 역설적으로 '1'과는 절대 질적으로 같지 않음을 웅변하는 듯 했던 그 숫자는, 우리가 이전과는 완전히 다른 방식의 야구를 보게 되었음을 의미하는 것이었다. 요행이 아니고는, 대한민국의 어느 타자와 어느 팀이라도 한 경기에 한 점도 뽑아낼 수 없는, 그래서 그가 등장하는 경기는 그저 마음을 비우고 임해야 하는 전혀 다른 차원의 투수가 나타났음을 알리는 것이었기 때문이다.

1985년 1.70과 86년 0.99. 그리고 87년에는 0.89까지 내려가더니 조금씩 페이스조절을 하기 시작했던 88년부터는 나름대로 '몸사린다'는 비난을 들어가면서도 연달아 1.21, 1.17, 1.13. 그리고 유일하게 마주세울 만한 이름이었던 최동원이 서서히 저물기 시작한 뒤로는 이렇다 할 맞상대도 경쟁자도 나타나지 않는 독주에 조금 질렸는지 1991년에는 1.55를 기록한다. 그는 데뷔 이후 무려 7년간 평균자책점 부문 타이틀을 독식하는 진기록을 만들어냈고, 허리 부상으로 한 숨 쉬어갔던 92년을 지나 마무리 투수로 전업한 93년에는 0.78이라는 역사적인 신기록을 또다시 만들어내며 무려 8번째 평균자책점 부문 타이틀을 따내기에 이르렀다. 특히 그의 통산 피안타율은 0.169에 불과했는데, 풀어 말하자면 대한민국의 모든 타자들은 선동열 앞에서 평균적으로 1할7푼에도 못 미치는 솜방망이에 불과했다는 것이다.

1986년부터 1989년까지 4년 연속 우승을 달성해냈던 해태 타이거즈의 영광이 그런 선동열의 존재와 맺고 있던 연관성은 너무나 분명한 것이었다. 해태 타이거즈의 김응용 감독은 선동열의 능력과 체력, 그리고 그에 대한 다른 팀 선수와 지도자들의 공포심을 최대한 활용하는 용병술을 펼쳤고, 듬직한 선봉장의 뒤에서 기세가 오른 동료들도 덩달아 동반상승하는 효과를 만들어냈다.

실제로 선동열은 자신이 선발로 나선 경기의 상당수를 완투하는 동시에, 다른 투수가 던지던 경기도 이기기 위해 꼭 한두 점을 지켜내야 하는 상황이 오면 언제라도 구원 등판해 구원승과 세이브를 올리며 날아다녔다. 그 시절, 사람들이 그에게

위) 해태 타이거즈 시절 선동열 선수가 덕아웃에서 웃고 있다.
아래) 불펜에서 가볍게 몸을 풀고 있는 선동열 선수. 출처 : 해태 타이거즈 팬북

붙인 별명이 '무등산 폭격기'였다. 어느 때고 불펜에서 선동열이 몸을 푸는 모습을 보이면 상대 팀 선수들은 그야말로 솔개를 피해 흩어지는 병아리처럼 혼비백산했다. 그리고 본격적인 폭격이 시작되기 전 경기를 끝내보려 성급하게 방망이를 휘두르다 제풀에 무너지곤 했다.

그는 연패를 끊기 위해, 혹은 연승을 잇기 위해 반드시 잡아야 하는 경기를 어김없이 잡아주었고 타이거즈의 시즌 운영은 구명조끼를 입고 헤엄치듯 내내 여유가 넘쳤다. 덕분에 동료 선수들은 안정감 속에서 굳이 무리하거나 서두르지 않고 여유롭게 컨디션을 조절할 수 있었고, 일단 앞선 경기는 절대 뒤집히지 않는다는 믿음 속에 투수들은 저마다 주어진 시간동안만 전력투구하고 부담 없이 신발 끈을 풀 수 있었다. 그리고 특히 한국시리즈 같은 단기전이면, 상대팀 감독들은 선동열이라는 절대강자를 피해가야 한다는, 그리고 선동열이 나타나기 전에 승부를 결정지어야 한다는 강박증에서 헤어나지 못하고 허우적거리다가 자멸하기 일쑤였다.

물론 매번 한국시리즈에서만큼은 선동열을 능가하는 활약으로 '가을까치'라는 별명을 얻은 김정수를 비롯해 각자 어느 팀을 갔든 에이스 자리를 꿰찰 수 있었던 조계현, 이강철, 문희수 등등의 투수진이 경기를 지배했다. 그리고 80년대를 통틀어 어떤 기준으로든 세 손가락 안에는 꼽힐 강타자 김성한을 비롯해 김봉연, 이순철 등등 기라성 같던 공격라인 역시 우승팀의 전력으로 손색이 없었다고 말할 수는 있다. 그러나 무려 '4년 연속우승' 같은 전설은, 그저 웬만큼 강한 전력만으로 되는 것이 아니다. 예컨대 선동열 같은, 말하자면 한국프로야구 무대에서 오로지 해태 타이거즈만이 보유하고 있는 핵무기와도 같은 일종의 '비대칭전력'이 없이는 불가능한 일이었던 것이다.

해태 타이거즈 때문에 불행했던 팀 1

80~90년대를 통해 가장 불운했던 팀은 단연 삼성 라이온즈와 한화 이글스였다. 최강이라는 말이 무색하지 않은 전력을 가지고도 해태 타이거즈라는 거대한 장벽에 막혀 번번이 우승 문턱에서 좌절한 팀이었기 때문이다. 그러나 현대마저 무너진 지금, 누구도 넘볼 수 없는 자금력을 바탕으로 2000년대 중반 이래 최강의 전력을 구축하고 네 번째 한국시리즈 우승에 도전하고 있는 삼성을 더 이상 누구도 비원(悲願)의 팀이라고 부를 수 없을 것이다. 그래서 우승을 향한 한화 이글스의 한은 더 외롭고 고달파 보인다.*

사실 프로야구 원년의 우승은 충청도의 것이었다. 원년 우승팀 베어스는 분명 창단 당시 충청권을 연고로 하는 팀이었기 때문이다. 그러나 그것은 촉박한 프로야구 출범 기한에 맞추기 위해 기업들의 연고지 경합을 봉합해놓은 결과에 불과했다. 애초에 충청권에 아무런 연고를 가지고 있지 않았을 뿐 아니라 모기업 총수의 고향인 서울을 연고로 한 창단을 원하고 있었던 두산그룹을 달래기 위해 프로야구 출범 주도세력은 '3년 후 서울 이전'을 약속해놓고 있었고, 실제로 베어스가 빠져나가버린 1985년에는 충청권이 무주공산으로 남겨지고 말았다.

베어스의 연고지 이전이 임박했던 1984년에는 제 12대 국회의원 선거가 있었고, 충청권 일대에서는 '연고 야구팀마저 빼앗기는 핫바지가 될 수는 없지 않느냐'는 여론이 하나의 선거쟁점을 형성하기에 이르렀다. 일이 이렇게 되자 충청남도지사가 '충청지역을 연고로 하는 제 7구단의 조속한 허용'을 체육부에 건의했고, 체육부는 다시 한국야구위원회에 조속한 처리를 요구하는 식으로 돌아갔다.

창단 우선권은 한국화약 그룹에게 주어졌다. 창업주 김종희 회장이 충남 천안 출신인데다가 자신이 이사장으로 있던 천안 북일고에 야구부를 창설해 충청권을 대표하는 전국적 야구명문으로 키웠을 정도로 야구에 깊은 애정을 가지고 있었기 때문이었다.

그러나 기존 6개 구단의 만만치 않은 텃세가 문제였다. 애초에

* 이글스는 '빙그레'에서 '한화'로 간판을 바꾼 뒤 1999년 첫 우승을 달성했다. 그러나 그 뒤로 10년 째 구단 캐치프레이즈는 'V2'에 머물고 있으며, 여전히 역사가 14년이나 짧은 SK를 포함해 현존하는 모든 구단들 중 우승 횟수가 가장 적은 구단의 불명예를 벗어나지 못하고 있다.

정권의 닦달에 못 이겨 '돈 잃어주기 고스톱' 접대한다는 심정으로 시작한 사업이었고, 분명 적지 않은 적자를 피할 수는 없었지만 출범 초기부터 예상을 뛰어넘는 관심을 모으며 홍보효과를 거둔 자신감에서 비롯된 것이었다. 기존의 6개 구단주들은 총액 30억 원의 가입금을 요구했고, 한화그룹은 120억 원으로 추정되는 창단비용만으로도 부담이 크다며 난색을 표했다. 꽤나 지루한 줄다리기와 신경전 끝에 결국 강남구 도곡동에 30억 원 상당의 야구회관을 직접 건립해 가입금을 대체하는 것으로 결론이 났지만, 이 과정에서 감정을 상한 기존의 6개 구단은 신생팀을 위한 선수지원에 소극적으로 나서는 '보복 아닌 보복'을 하게 되었다.

우선 기존의 충청지역 선수들로 팀을 구성하고 있던 OB 베어스가 김우열을 내놓았고, 해태는 유승안을 보내왔다. 그러나 프로 원년 홈런왕을 다투던 김우열은 이미 30대 후반으로 접어들며 시즌 경기의 절반도 소화하기 어려운 상태였고, 실업무대의 강타자 출신 유승안 역시 청룡과 타이거즈를 거치며 주전경쟁에서 탈락해 시들어가고 있는 처지였다. 그나마 선수가 남아돌 만큼 넉넉했던 삼성이 라이온즈에서 이글스로 자리를 옮긴 노진호 단장의 체면을 세워주기 위해 아홉 명의 1군급 선수들을 지원해주지 않았다면 이글스는 원년 삼미 슈퍼스타즈 이상의 수모를 당해야 했을지도 모른다. 그래서 원년 이글스의 라인업은 포수 유승안을 중심으로 라이온즈에서 건너온 김성갑, 김한근, 황병일과 역시 삼성이 지명권을 양도

한 신인 이강돈, 롯데에서 보내준 이광길을 주축으로 짜여졌다. 물론 다른 팀의 평균적 수준에 비하자면, 역시 1.5군 수준에도 미치지 못한다는 평가가 많은 야수진이었다.

반면 마운드는 그나마 사정이 나았다. 충청권 출신으로서 85년과 86년에 차례로 대학을 졸업한 이상군과 한희민이 동기들 중 최정상급으로 인정받고 있었고, 롯데에서 보내준 천창호도 경험이 많은 왼손투수라는 점에서 쓸모가 있었다. 그리고 무엇보다도 청보 핀토스와 계약이 만료된 83년의 30승 투수 재일교포 장명부를 잡았다는 것이 고무적이었다. 장명부가 20승, 두 명의 신인 투수가 10승 정도를 책임져준다면, 그나마 꼴찌는 면할 수도 있겠다는 계산이 서는 대목이었다.

실제로 이글스는 정식으로 프로무대에 데뷔한 1986년, 후기리그에서는 청보 핀토스를 3.5경기차나 뛰어넘는 6위에 올라서는 작은 돌풍을 일으키기도 했다(물론 전후기를 종합한 순위에서는 1.5경기차 꼴찌). 그러나 그것은 믿었던 장명부와 베테랑 천창호가 아닌 두 명의 신인, 이상군과 한희민이 나누어 일구어낸 기적이었다.

1986년 4월 1일, 팀의 역사적인 첫 경기에 선발등판한 장명부는 5이닝동안 자책점을 2점만 내주며 나름대로 호투했지만, 수비불안 속에 비자책점을 4점이나 내주는 통에 첫 패전을 기록했다. 그리고 그가 최동원과의 맞대결에서 1실점 완투승을 거두며 시즌 첫 승을 거두기까지는 무려 4개월의 시간이 필요했고, 그 4개월 사이에 그는 15연패라는 또 하나의 역사적인 기록을 만들어내고 있었다. 그 해 그의 성적은 1승 18패. 그것은 이미 재기 불능의 상태에 빠져 있었던 참담한 그의 구위와 더불어, 그럼에도 불구하고 꼬박꼬박 등판을 시킬 수밖에는 다른 도리가 없었던 눈물 나는 팀의 사정을 그대로 대변하는 기록이었다.

에이스로 기대를 모으던 장명부가 1승으로 몰락하고, 베테랑 천창호도 승리 없이 3패만을 기록하며 부진하자 그만큼의 부하는 그대로 신인들에게 물려졌다. 그리고 한 살 터울의 신인 듀오 이상군과 한희민은 무리한 등판과 야속한 타선의 배신에도 불구하고 꿋꿋이 각기 243.1이닝과 175.1이닝을 책임졌고, 평균자책점 2.63과 3.13으로 버텨내며 12승과 9승을 따내며 분투했다. 그것은 그 해 이글스가 건진 41승의 절반 이상이었다.

86년 시즌 뒤, 이글스는 무려 19명의 선수들을 무더기로 방출했다. 그것은 그 팀의 선수단 명단을 채우고 있는 이름들의 숫자가 얼마나 허망한 것이었고, 인심 쓰듯 선수들을 나누어준 기존 구단들의 친절이 얼마나 실속 없었는가를 보여주는 것이기도 했다.

그러나 그런 비참한 세월이 길지는 않았다. 삼성이 지명권을 넘겨준 이강돈이 첫 해부터 만만치 않은 방망이 솜씨를 보이더니 1988년에 드디어 3할대로 올라섰고, 일본에서 코치를 폭행하는 소동을 벌이고 제명당했던 고원부가 예상 외로 팀에 잘 적응하며 89년에 유일한 재일교포 출신 타격왕에 오르는 역사를 만든 것이다.

그리고 아마추어 무대에서도 정상급의 실력을 뽐내던 이정훈이 동기생 강기웅과 유중일에 밀려 2차 지명으로 나오면서 이글스로 합류한 것도 기대 이상의 성과였다. 그 이외에도 연봉으로 장비 값도 안 되는 푼돈 300만 원을 무릎 꿇고 받다시피 했던 연습생 장종훈과 한용덕이 각각 홈런왕과 에이스급 투수로 성장한 것은 아무도 상상할 수 없었던 기적이었다. 그렇게 착착 쌓여가던 전력은 창단 3년만인 88년에 첫 한국시리즈에 진출한 이래 90년대 초반까지 '막강전설'로 군림할 수 있게 하는 바탕이 되었다.

80년대 말과 90년대 초반, 이글스는 가히 올스타팀에 대적할 만한 라인업을 갖추고 있었다. 마운드에서는 이글스의 원년 에이스 한희민과 이상군이 건재했고, 거기에 한용덕과 송진우가 전성기에 오르고 있었다. 타선에서는 홈런 신화 장종훈을 중심으로 강정길·강석천·이강돈·이정훈이 숨 쉴 틈도 없이 늘어서 있었다. '다이너마이트 타선'이라는 말은 애초에 이들을 위한 것이었다. 그렇게 공수 양면에서 단단해진 전력을 바탕으로 1988년부터 1992년까지 다섯 해 동안 빙그레 이글스는 무려 네 번이나 한국시리즈에 진출했다. 그 중 최악의 성적을 올렸던 해가 3위를 했던 90년도였을 정도였다. 그러나 지금, 우리가 기억하고 있는 그 시절의 최강팀은 이글스가 아니라 바로 해태 타이거즈다. 왜냐하면, 이글스가 치렀던 네 번의 한국시리즈 중 세 번(1988, 1989, 1991) 맞상대해 매번 우승컵을 가로채간 것이 바로 타이거즈였기 때문이다.

그래서 해마다 프로야구 시즌은 마지막 1구를 꽂아 넣고 포효하는 선동렬의 얼굴 위로 저물었다. 그런데 그 때, 흐릿한 배경에서 고개를 숙이고 있던 것이 대개는 주황색 줄무늬의 이글스 유니폼들이었다는 사실은 이미 기억 속에서도 아득하다. 그렇게 타이거즈는 이글스가 넘어설 수 없는 벽이었고, 가을마다 당연한 듯 이글스에게 돌아가는 것은 선동렬의 포효 뒤에서 씹어 삼켜야 했던 눈물의 쓴맛이었다.

목포의 눈물과
날개 꺾인 자들의 희열

80년대 말에서 90년대 초 사이, 광주 무등 야구장 홈 관중들이 한 목소리로 원정팀 선수의 이름을 연호하는 진풍경이 간혹 연출되곤 했다. 그 원정팀은 빙그레 이글스였고, 그 선수는 1987년에 데뷔해서 1992년까지 여섯 시즌동안 통산 35승을 기록했을 뿐인 평범한 투수였으며, 광주 출신도 아니고, 이전에라도 해태 타이거즈에서 뛰었던 경험이 있는 것도 아니었다. 다만 그 투수의 이름이 하필 '김대중'이었을 뿐이다.

빙그레 이글스의 그 투수와 동명이인이었던 또 한 사람의 김대중. 목포에서 나고 자라 몸을 일으켰고, 40대 중반이던 1971년 야당의 대통령 후보가 되어 철권의 독재자 박정희와 피 말리는 명승부를 벌이며 일약 전국적으로 이름을 알린 인물. 1970년대와 80년대 내내 박정희와 전두환의 잠재적 경쟁상대로 지목되어 처절하게 짓밟혀온 사나이. 박정희 정권에 의해 암살당할 위기를 넘긴 뒤 망명길을 떠나야 했던 그는 박정희가 죽은 뒤에야 한국으로 돌아올 수 있었다. 그러나 그는 1980년 광주 민주화운동의 배후조종자로 조작돼 전두환으로부터 또다시 사형을 선고받았고, 전 세계 지성인들이 발 벗고 나서 호소해준 덕에 간신히 목숨을 건진 뒤에도 다시 한 번 망명과 가택연금의 가시밭을 걸어 나가야 했다. 그런 그에게 붙여진 별명이, 아마도 세계 정치사를 통틀어도 그만큼 애절하고 처연한 별명이 다시는 없을 인동초(忍冬草, 겨울을 견뎌내는 풀)였다.

그런 그는 한 시대 한국 민주주의 운동의 상징이기도 했지만, 특히 호남의 민주주의적 이상과 정치적 욕망을 상징하는 인물이기도 했다. 1979년 박정희 독재에 저항했던 부산과 마산의 시민들에게 '김영삼'이라는 구호가 그랬듯, 1980년과 1987년의 광주시민들에게는 '김대중'이라는 이름 속에 온갖 한과 꿈과 욕망이 응축되어 있었다. 그 지역에서 내로라하는 유지들로부터 시외버스터미널 대합실에서 구두를 닦으며 삶을 이어가는 가련한 소년에 이르기까지 한데 묶이고 섞여 어깨 걸게 만드는 구호였던 셈이다.

그래서 1980년 5월 광주의 시민들은 '김대중을 석방하라'고 외쳤고, 전두환 정권은 간단히 '광주폭동의 배후는 김대중'이라고 정리해버릴 수 있었다. 그러나 김대중은 호남의 민중들이 민주주의와 민중의 생존권, 사법적 정의와 평등한 사회적 기회 같은 복잡한 개

념과 구호들 대신 쓸 수 있었던 일종의 기호였다고 하는 것이 옳았다. 그저 한 사람의 이름에 불과한 것이 아니었던 것이다.

1997년 이전까지 그는 한 번도 대선에서 승리하지 못했다. 그를 지지한 호남이 기득권도, 경제적 힘도, 수적 우세도 가지지 못했던 것과도 무관하지 않은 일이었다. 그래서 그의 이름은 어느새 기세등등한 도전과 확신이 아닌 패배와 좌절을 의미하게 되었고, 그러나 그럴 줄 알면서도 다시 한 번 세워 드는 비장한 재기의 몸부림을 의미하기 시작했다.

해태 타이거즈의 응원가는 정말 어울리지 않게도 청승맞은 가사와 곡조의 '목포의 눈물'이었다. 그리고 그 노래 또한 해태 타이거즈

해태 타이거즈 팬들의 응원모습. 잠실구장은 서울을 연고로 한 팀의 홈구장이었지만 해태 타이거즈가 원정을 올 때면 홈팀과 원정팀의 구분이 가지 않을 정도로 3루 관중석은 대만원이었다. 출처 : 해태 타이거즈 팬북

와 김대중과 호남인들의 온갖 '거시기한' 감정들을 잇는 상징적 교량이 되었다. 1934년 이난영이 처음 불렀을 때 '목포의 눈물'은 애절한 이별의 한을 담은 노래였지만, 호남 사람들에게는 김대중의 좌절과 슬픈 도전을, 그래서 끝내 중앙정치 무대와 경제발전 과정에서 소외되고 짓밟혀온 호남인들 자신의 한을 달래는 노래였다.

해마다 이기고 또 이겨 '올 해 만은' 하는 기대로 매달려온 7개 구단 팬들의 눈에서 피눈물을 뽑아온 해태 타이거즈 응원단이 쾌승의 순간마다 '목포의 눈물'이라는 그 청승맞은 노래를 합창해 정말 역설적으로 섬뜩한 풍경을 연출한 것 역시 그런 사연들 때문이었다.

흔히 무방비 상태의 사람에게 무참히 칼을 휘두르게 만드는 것은, 잔인함보다는 두려움이다. 60~80년대 내내, 군사정권이 그렇게 시퍼렇게 독기를 내뿜었던 것 또한 그래서 그런 두려움 때문이었으리라. 깊은 학식과 예리한 분석력을 가지지 못한 어느 어린 학생, 기분 좋은 막걸리 한 잔에 취해버린 어느 촌로라도 눈을 뜨고 입을 열자면 모를 리 없는 또렷한 치부. 그 흉측한 속살이 드러나면 언제라도 쫓겨나 죗값을 치러야 할지 모른다는 그 두려움과 불안감 말이다.

그렇지 않았다면 80년 5월 광주의 비극은 제쳐놓더라도, 아들뻘도 안 되는 대학생들이 얼마나 거창한 '국가전복의 위협'이라고 마치 전쟁터에서 사로잡은 밀정이라도 잡아 족치듯 물고문, 전기고문으로 줄줄이 절단을 내놓지는 않았을 것이다. 그리고 길에서 대학생 나이 쯤 되어 보이는 젊은이들을 닥치는 대로 잡아 가방을 뒤져 대라고 경찰들을 들볶아대지도 않았을 것이고, 취한 기분에 '차라리 이북만도 못한 빌어먹을 나라'라고 객기를 부린 노인네마저 잡아다가 몇 년씩 '국가보안법'으로 다스리지도 않았을 것이다.*

그 시절 대학생들은 조악한 복사물 몇 장을 거리에 뿌리기 위해 건물 난간에서, 육교 모퉁이에서 목숨을 걸고 곡예를 벌였고, 누가 알아듣기도 힘든 구호 몇 마디를 외치느라 온통 골목마다 숨바꼭질을 해대곤 했다. 더구나 이미 1980년 5월에 총칼의 감촉을 몸으로 배워야 했던 광주 시민들에게는 '모여서 외치는' 것만으로도 죽음을 떠올려야 했고, 머리가 분노를, 눈물샘이 습기를 감지하기 전 먼저 저 깊은 곳에서 꼭 뭉쳐 굳어오는 무언가를 풀기 위해 가슴팍을 움켜쥐어야 했다.

그 시절, 그곳에서, 야구장은 수천 명이 모여 한 목소리로 외치고 흥분하고 울고 웃으면서도 주눅 들지 않고 곤봉과 최루탄의 두려움에 떨지 않아도 되는 유일한 공간이었다. 전두환에서 노태우를 거쳐 김영삼까지, 정권은 해마다 5월 18일 광주에서 야구가 치러질 수 없도록 했다. 그러나 원정경기장에서나마 해태 타이거즈는 해마다 승전보를 보내며 '그날'을 기억하고 있음을 알리기도 했다(1983년

* 그렇게 걸려든 사람들에게, 세상 사람들은 '막걸리 보안법'에 걸려들었다고 혀를 차곤 했다.

부터 1994년까지 해태 타이거즈는 5월 18일 경기에서 7승 무패를 기록했다).
그래서 무등 경기장의 홈 관중들은 이글스와 맞붙을 때마다 서로 '빙그레' 웃음을 나누며 '김대중'을 외치는 놀이를 감행했고, 몇몇 대학생들은 굳이 중계석 옆쪽 자리로 파고들어 '오월의 노래'를 합창하다가 뒤쫓아오는 경찰을 피해 군중 속으로 숨바꼭질하는 객기를 부리기도 했다. 목이 터져라 목포의 눈물을 부르며 환호하고, 기뻐서 그리고 한스러워서 눈물을 흘렸고 부둥켜안았다. '김대중'은 꺾인 현실의 날개였지만, 무등 야구장의 '해태 타이거즈'는 날아오르는 희열이었고 모든 희망의 상징이었던 것이다.

인터뷰

타이거즈 응원단장 **임갑교**

"하이고, 말도 마시오… 부산이나 대구 같은 데서 응원을 하다 보면 음료수 깡통을 막 던져가지고, 그걸 맞으면 막 피도 나고 그러지요. 그러면 나는 일부러 '고맙습니다' 하고는 그걸 다 가방에 넣었어요. 그래서 다니다가 만나는 사람들 하나씩 주기도 허고…, 허허허."

1982년, 해태제과 아이스크림부 냉장기사로 일하던 37세의 임갑교는 프로야구 개막전에 해태 타이거즈를 응원하기 위해 조직된 사원 응원단의 단장이었다. 물론 응원단이고 응원단장이라고 해서 특별한 것은 없었다. 그저 간만의 주말 휴일마저 빼앗긴 채 회사 일에 동원되어 서울에서 부산까지 예닐곱 시간이나 실려 왔다는 불만에 퉁퉁 불어 있는 직원들 몇 백 명이 줄맞추어 앉아서 저마다 졸거나 잡담을 하거나 담배를 피우고 있는 것이 응원단이었다. 그리고 학생 시절 밴드부 활동을 한 경험이 있던 한 젊은이가 호루라기 물고 3.3.7 박수나 유도하다가 어느 계장님, 어느 주임님의 실없는 농담에 더 우스운 농담으로 받아치며 분위기를 띄우는 것이 응원단장이었다.

역사적인 프로야구 개막전에서 해태 타이거즈가 롯데 자이언츠에게 무려 11대 1로 대패를 당했고 선수단과 응원단 모두 맥이 풀려 버렸다. 그러나 그날 혼자 오기를 품기 시작한 사람이 하나 있었으니 바로 응원단장 임갑교였다.

"제과 라이벌인디…, 주말에 부산까지 내려가서 봤는데 하필 롯데한테 그렇게 깨져버렸으니, 분허겄소 분허지 않겄소?"

그가 할 수 있는 것은, 좀 제대로 응원을 해서 선수들의 사기를 살리는 것밖에 없었다. 그는 곧장 응원방법을 연구하고, 응원도구를 만들고, 심지어 관중들의 심리를 이해하기 위해 심리학 책까지 뒤적거리기 시작했다. 물론 관중석은 여전히 냉랭했고, 사람들은 그를 응원단장이 아니라 원숭이 재롱 구경하듯 지켜보기만 했다. 그러나 머지않아 김봉연과 김준환, 김성한의 대포가 불을 뿜기 시작했고, 관중들은 서서히 '구경꾼'에서 '팬'으로 진화하기 시작했다. 그리고 여전한 열정으로 호루라기를 불고 엉덩이춤을 추고 3.3.7 박수를 돌리는 임갑교를 '무등 경기장의 최고 명물'로 꼽기 시작했다. 그 뒤로 해태 타이거즈가 그에게 정식 응원단장으로 일해 줄 것을 부탁하고, 해태제과에서 해태 타이거즈 홍보팀으로 파견발령을 내준 것은 당연한 수순이었다. 그래서 그는 한국 야구사상 최초의 전문 응원단장이 되었다.

"아주 정신이 없었지요. 경기 일정 나오면 미리 경기장 가서 앵글 짜고 합판 얹고 해서 무대를 만들어야 하고, 또 치어리더들한테 춤이랑 박수랑 이런 거 또 가르쳐야 하고…."

임갑교 씨는 해태제과 아이스크림 냉동부 기사로 근무하던 중 프로야구 출범 이후 응원단장으로 차출되어 1995년까지 해태 타이거즈와 영광의 순간들을 함께 했다.
자료제공 : 임갑교

그가 최초의 전문 응원단장이 되었다고 하지만 '전문 응원단'의 '장'이었다는 것은 아니다. 그가 이끌어야 하는 치어리더들은 해태제과 껌부, 비스킷부, 아이스크림부에서 각자 민트껌, 맛동산, 부라보콘을 만들다가 차출되어 주말 경기에 투입된 젊은 여성 노동자들이었다. 그녀들이 호피무늬 타이즈를 입고 은박 수술을 흔들며 분위기를 띄웠고, 임갑교가 그녀들을 리드했다.

"지금은 야구장을 지을 때 미리 무대도 마련해주고, 또 응원단도 이벤트 회사에서 전문적으로 그것만 개발하고 연습하고 그러는갑습니다만…, 옛날에야 그냥 제가 혼자 다 알아서 하는 거였죠. 응원복도 제가 모양을 그리고, 동대문 시장에서 재료들 사다가, 집사람이 미싱 돌려서 만들어주고 그랬지요."

그는 그렇게 지은 옷을 입고, 그렇게 만들어낸 도구, 춤, 박수로 무등경기장과 전국 곳곳의 야구장을 휩쓸었다. 그리고 해태 타이거즈 역시 원년 초반의 부진을 깨끗이 털어내고 우승을 밥 먹듯 하는 팀으로 거듭났다.

"물론 기분 좋고, 신나고 그랬지요. 그렇지만 또 제가 전문 응원단장이 되면서 다른 책임감도 들더라고요. 우리가 경기에 이긴다고 신바람을 내고, 진다고 기가 죽어 있고 그러면 못 쓰는 게 아니냐 싶고. 그래서 경기는 경기고 나는 관중들을 즐겁게 하기 위해 최선을 다 해야겠다는 생각을 했어요. 그래서 경기에서 우리 팀이 이기건 지건, 오히려 지더라도 더 웃는 얼굴로 신명나게 응원을 이끌고 그랬지요. 예전에도 몇몇 팀에서는 그랬지만, 요즘에 응원하는 걸 봐도 가끔 너무 자기 팀 이기는 것에만 집착하는 게 아닌가 싶을 때는 좀 보기가 그래요."

1995년, 그의 나이 50이 넘어갈 때 그는 해태제과로 '원대복귀'했다. 그리고 해태 타이거즈의 응원도 이벤트 회사에 외주를 주는 방식으로 바뀌었다. 너무 오래 자리를 비운 원 소속부서에서 차라리 파견이 아니라 전출을 가라고 요구해왔기 때문이다.

"만약 제 소속 회사가 해태제과에서 해태 타이거즈로 바뀌면 근속기간이 달라져서 퇴직금을 엄청 손해 봐야 한다고 그러더라고요. 그래서 그 나이에 그렇게까지 하기는 어렵다 싶어서 응원단장을 그만뒀지요. 그리고 해태제과로 돌아가서 정년퇴직을 했지요."

1982년부터 1995년까지, 그는 13년간 전국의 야구장을 누볐고 해태 타이거즈가 일곱 번이나 우승하는 모습을 지켜보았다. 그리고 그가 응원 호루라기를 놓은 뒤 두 번 더 우승한 해태 타이거즈는

IMF의 한파 속에서 사라져버렸다. 그는 지금 서울의 어느 호텔에서 시설 팀장으로 일하고 있다.

"호텔 시설 일이라는 게, 뭐 휴일도 없고 시도 때도 없어요. 아무 때나 문제가 생기면 달려가야 하고 그러니까. 그래서 요즘엔 야구장에는 거의 못가고, 가끔 텔레비전으로 보고 하는데…."

말끝을 흐리는 동안 그가 걸친 작업 점퍼에 눈길이 갔다. 검은색, 목과 손목을 감싸고 있는 몇 가닥의 붉은 선. 그리고 왼쪽 가슴께 조금 덜 닳은 흔적으로만 남아 미리 떠올리지 않고는 도저히 알아볼 수 없는 호랑이 얼굴 그림. 바로 사라진 전사들 해태 타이거즈의 전투복.

인터뷰를 마치고 나서는 길에 그는 끝내 초콜릿 한 무더기를 내 주머니에 찔러주었다. 아마도 객실에 넣을 것에서 조금 빼놓았다가 무료한 기계실의 한 순간을 달래주었을 귀한 간식. 그래서 주머니에 품고 와서도 좀체 홀랑 까먹어버릴 수 없었던 묵직한 마음.

해태 타이거즈의 신화는 9회 우승의 기록과 숱한 투수왕, 타자왕들의 기록으로만 이루어진 것이 아니었다. 주말의 달콤한 휴일마저 반납하고 민망한 쫄쫄이를 입었던, 그리고 호랑이 탈을 쓰고 엉덩이춤을 추었던 노동자들의 순박한 열정, 그리고 임갑교와 같은 피비린내 나는 투혼의 속살에 자리하던, 그런 외할머니 같은 마음이 있었던 것이다.

선동열 방어율 학점과 학사경고

내가 대학에 들어간 1992년, 대학가의 최대관심사 중 하나는 그 해 신입생부터 다시 적용받게 된 학사경고제도였다. 모든 과목에서 A+를 받으면 4.5인 평균학점이 1.7 아래로 떨어지게 되면 학사경고를 받게 되고 그걸 세 번 받으면, 죽도록 공부한 끝에 역사상 가장 치열한 평균경쟁률을 뚫고 입학한 대학에서 쫓겨나야 한다는 무시무시한 협박이었다. 그러나 받아쓰기 백 점 대신 갤러그 삼십만 점, 상장 수 대신 정학 횟수를 가지고 자존심을 겨루는 아이들이 늘 있어왔듯이, 경고나 퇴학 따위 협박쯤에 굴한다면 지조 있는 젊은이라고 할 수 없다는 듯 거꾸로 달리며 객기를 부리는 인간들은 대학 캠퍼스에도 넘칠 만큼 굴러다니고 있었다.

그들은 시험 때마다 백지 답안지에다가 얼마나 출제의도를 정면으로 비웃는 위트 넘치는 멘트를 써넣어 담당 교수를 당혹스럽게 했는가, 혹은 얼마나 빠른 시간 내에 시험장을 빠져나오며 시험감독 들어온 조교의 딱한 시선을 받을 수 있었는가 따위의 무용담으로 서열을 가렸다. 그리고 흔히 학기말에는 정확히 그들이 노력한 만큼의 성과가 기록된 성적표를 부모님보다 한 발 앞서 손에 넣기 위해 벌였던 온갖 기발한 작전들을 자랑하고 서로 참고하기도 했다.

바로 그 무렵, 그들의 영예를 표현하는 단어가 바로 '선동열 방어율 학점'이었다. 데뷔 첫 해 학사경고의 마지노선과 같은 1.70을 찍으며 시작한 선동열의 평균자책점* 은 선수생활 내내 그 위로는 거의 올라가지 않았기 때문이다.

그 때쯤 내가 발견한 것은 숫자로 표현되는 야구와 인생의 공통점이었다. 이미 타율과 비슷한 학력고사 점수(340점 만점이었던 학력고사에서 300점 이상을 받으면 세칭 'SKY'를 마음대로 골라서 갈 수 있는 고득점이라고 치듯, 야구에서도 3할을 넘는 타율은 어느 팀에서나 환영받을 수 있는 고타율로 인정하니까)를 받아들고 서울대를 필두로 길게 늘어선 이런저런 대학들로 나누어 배치된 우리는 다시 평균자책점

* 9이닝으로 환산한 한 경기당 평균적으로 허용한 자책점을 표시하는 수치를 흔히 '방어율'이라고 부른다. 그러나 엄밀히 말하자면 그 수치는 100으로 가상된 전체에서 차지하는 비율을 표현한 것이 아니며 단순한 평균치에 불과한 것이다. 따라서 이론상 100을 넘어 얼마든지 큰 수치가 나타날 수도 있는 것이기 때문에 '평균자책점'이라고 정의하는 것이 정확하다.

해태 시절 선동열의 기록

연도	평균자책점	승	패	세이브	이닝	피안타	탈삼진	사사구
1985	1.70	7	4	8	111	74	103	23
1986	0.99	24	6	6	262	153	214	59
1987	0.89	14	2	6	162	89	144	50
1988	1.21	16	5	10	178⅓	116	200	42
1989	1.17	21	3	8	169	82	198	55
1990	1.13	22	6	4	190⅓	121	189	58
1991	1.55	19	4	6	203	135	210	33
1992	0.28	2	0	8	32⅔	20	42	12
1993	0.78	10	3	31	126⅓	48	164	26
1994	2.73	6	4	12	102⅓	81	94	29
1995	0.49	5	3	33	109⅓	49	140	17
통산	**1.20**	**146**	**40**	**132**	**1647**	**968**	**1698**	**404**

(1992, 1994, 1995는 규정이닝을 다 채우지 못함)

비슷한 학점을 챙기느라 동분서주했고, 좀 더 눈치 빠른 아이들 같으면 이미 장타율 비슷한 토익성적에 매달리며 개인 타이틀 비슷한 경력을 수집하고 있었다. 그러다가 때로는 TV나 신문에서 '최연소', 혹은 '최단기' 같은 기록으로 영예를 더하는 사람들의 이야기를 보며 부러워했고, 재능과 노력이 넘치는 친구들이라면 '사이클링 히트' 비슷한 '고시 3관왕'이나 '20-20클럽' 비슷하게 상반된 분야의 능력을 겸비했음을 뽐내는 '의대 출신 변호사'나 '미스코리아 출신 한의사', '국가대표 선수출신 고시합격자' 따위를 노리기도 했다.

'0점대 평균자책점'에 투수 3관왕*을 밥 먹듯 하며(4관왕 3회, 3관왕 1회), 사상 최초로 억대연봉을 돌파한 선동열에 대해 내가 진정한 존경심을 가지게 된 것 역시 그래서 그 무렵이었다. 왜냐하면 나라는 인간의 가치를 야구장의 기록으로 표현해보자면 기껏 2할 대의 타율에 측정해본 적도 없는 장타율, 사이클링히트나 20-20은 커녕 한 시즌에 단 한 개의 홈런이나 도루도 기록할 수 있을지 알 수 없는 무능력에다가 무엇이 되었든 그리 특출한 재능도, 혹은 이를 악물고 덤벼들어 안타를 못 치겠거든 몸에 맞고라도 나가겠노라는 근성과 끈기도 애초에 보이지 않는, 연초마다 2군에서도 자를까 말까 고민하게 만드는 그런 별 볼 일 없는 인간임에 너무도 분명해 보였기 때문이다.

그리고 반대로, 그 무렵부터 나는 삼미 슈퍼스타즈, 청보 핀토스를 거쳐 세 번째로 옷을 갈아입은 인천 팀 태평양 돌핀스의 승리에 더 이상 헛된 기대를 걸지 않을 수 있게 되었다. 도무지 팀타율 꼴찌의 팀, 팀홈런 개수가 다른 팀의 웬만한 4번 타자의 기록을 크게 넘어가지 못하고 4번 타자의 타율이 다른 웬만한 팀 8번 타자의 것과 크게 다르지 않은 팀. 그래서 '무실점이면 승, 2실점이면 패'라는 우스개가 진리로 통하던 그 시절 이따금 똘똘한 투수 한두 명이 나타난다고 해도 아마 화병으로 추정되는 부상으로 줄줄이 시즌 중반이면 실려 나가기를 반복하는 그 팀에 무엇을 바라겠는가. 200점

* 다승, 평균자책점, 탈삼진 등 투수 주요 3부문을 석권하는 것을 말한다. 탈삼진부문을 공식 시상하기 시작한 1993년 이전까지는 탈삼진 대신 승률을 넣기도 했다. 선동열은 86년에 다승, 평균자책점, 탈삼진 부문을 석권했고 89, 90, 91년에는 승률을 포함해 네 부문을 모두 석권했다.

대 학력고사 성적에 2점대 중반의 학점, 아마도 600점도 안 될 토익 점수의 내가 갑자기 국내 최연소 박사가 된다거나 노벨상 꿈나무가 될 수 없는 것은 물론이요, 고시 합격이나 유망벤처 창업의 주인공이 될 수 없는 것과 꼭 같이, 안 되는 것은 안 되는 것일 테니 말이다.

그 무렵부터 나는 비로소 그저 해태 타이거즈의 승리와 태평양 돌핀스의 패배를 아무 감정적 동요 없이 관조할 수 있었다, 라기보다는 혹시라도 지하철 옆자리의 남자가 펼쳐 읽던 스포츠 신문에서라도 야구 관련 이야기를 보게 될까봐 일부러 눈을 질끈 감는 삶을 살아가기 시작했다.

참고로 말하자면, 태평양 돌핀스가 개막 직후 무려 7연승을 내달리자 내가 잠시 처지를 잊고 '태평양 팬'이라는 구질구질한 정체성을 '커밍아웃'하는 분별없는 짓을 저질렀던 것이 바로 대학 신입생 시절이었던 1992년이었다. 물론 수많은 사건들의 예외성에도 불구하고 장기적인 경향은 변함없듯이 '1순위 꼴찌 팀' 돌핀스는 바로 그 직후 첫 끗발이 개 끗발이라는 속설의 위력을 온몸으로 증명했다. 5월 중순부터 12연패를 달리며 원위치로 돌아간 것이다. 그리고 나는 '태평양을 응원하는 괴상한 놈'으로 낙인찍혀 태평양이 1패를 더한 다음 날마다 수십 명의 동기들로부터 '태평양 또 졌더라'는 아침 인사를 듣는 고행을 감수해야 했는데, 그것 역시 내 인생에서 두 번째로 '야구와의 이혼'을 결심한 중요한 이유 중 하나였다.

지역주의와 머릿수 싸움의 비애, 1992년 대선

1992년 겨울에는 대통령 선거가 치러졌다. 5년 전, 87년 6월 항쟁의 뜨거운 열기를 등에 업고도 후보단일화에 실패한 채 동시에 야당 후보로 나서 서로 표를 깎아먹는 바람에 나란히 2등과 3등으로 물을 먹었던 김영삼과 김대중이 이번에는 각자 여당과 야당의 어깨띠를 두르고 나와 정면으로 붙었다. 그리고 거기에 '회삿돈 빼고 내 돈만 4조 원인데, 당선되면 그 중에 절반을 국가에 바치겠다'고 외쳐 아주 현실적인 매력으로 어필하던 자칭 '돈 많은 노동자' 정주영이 끼어들어 흥미를 더해준 판이었다.

김영삼이라는 사람이 또 한 때는 신민당사에서 벌어진 YH 여성 노동자들의 농성* 을 보호하다 의원직 제명을 당하기도 했고, '광주 학살'에 항의하며 기록적인 23일간의 단식투쟁을 한 적도 있을 정도로 몇 십 년간 꽤 강단 있게 박정희, 전두환 정권과 싸워온 사람이 아니었던가. 그래서 그가 비록 전두환이 만든 민주정의당을 모태로 하는 민자당이라는 거대 여당의 간판을 달고는 있다 해도 아직 그를 민주화세력의 범주에 넣어 인정하는 사람이 많던 무렵이었다. 그래서 '그냥 군사독재가 됐든 뭐가 됐든 이대로 조용히'를 원하는 사람은 여당, '몰아낼 놈은 몰아내고 뭔가 좀 변화'를 원하는 사람은 야당을 찍어왔던 그때까지의 선거와는 조금 다른 양상으로 전개된 것이 그 해 대통령 선거의 특징이기도 했다. 사람들은 김영삼과 김대중, 두 명의 주요 후보들 사이에서 정책이니 노선이니 하는 큰 줄기에서의 별다른 차이를 느끼지 못하는 듯 했고, 그래서 선택의 기준은 저마다 '부산경남 출신은 김영삼', '호남 출신은 김대중'으로 갈리는 모습이었다.

한국정치의 지역주의라는 것이 바로 그런 것이다. 어차피 똑같은 놈들끼리 그나마 '저 놈은 절대 안 되니 나에게 표를 달라'고 유권자들을 협박하느라 만들어낸 괴물. 우여곡절 끝에 모든 국민에게

※ YH무역은 1970년대 우리나라의 주력 수출품목인 가발을 제조하던 국내 최대의 업체였다. 1979년, 회사 내에 노동조합이 설립되고 노동운동이 시작되자 폐업을 선언해버렸는데, 하루아침에 직장을 잃은 여성노동자 170명이 신민당사로 몰려가 농성을 시작했다. 박정희 정권은 농성 사흘만인 8월 11일 새벽 경찰 1000명을 동원해 폭력적인 진압을 감행했으며, 그 과정에서 김경숙이라는 노동자가 숨지고, 100여명이 다치는 참사를 낳았다. 이 사건은 부마항쟁과 더불어 유신정권 몰락의 중요한 계기로 기록되고 있다.

투표권이 주어졌으되, 그들의 표를 받기 위해 경쟁해야 할 정치인들은 각자 한 치의 차별성도 가지지 못한 데서 비롯된 시대의 비극이었다. 모두 일제 식민지 시대를 거쳐 오면서도 끈덕지게 우리사회 특권층의 지위를 놓치지 않아왔던 별 다를 것 없는 이념, 별 다를 것 없는 능력, 별 다를 것 없는 탐욕과 부도덕의 복제품이었기에 기껏 '빨갱이 때려잡자'거나 '저쪽 동네 출신은 못 쓴다'는 충동질로 생존의 비책을 삼을 수밖에 없었던 것이다.

그래서 돌아보면 존경스러운 구석 못지않게 한심스런 사연도 적지 않았던 빈틈 많은 김영삼과 김대중이 그래도 이것저것 떠나 한국현대정치사에 가장 큼직하게 이름을 새겨놓을 수 있었던 것 역시 역설적이게도 그런 배경 덕이었다. 그들은 그나마 다른 정치인들에 비교하자면 '반독재-민주화'라는 또렷한 명분을 앞세워 한 시대를 헤쳐 온 인물이었기 때문이다. 그러나 이십여 년 이상 공유해왔던 '반독재-민주화'라는 간판 외의 것으로 자신의 가치를 설명해야 했던 그 두 사람이 맞대결한 1992년, 지역주의는 새삼스레 돌출한 것은 아니었지만 가장 결정적인 의미를 가지는 요소로 작용하게 되었다.

물론 정주영이 출신지 강원도와 충성스런 현대그룹 가족들에게 의지한 채 두 김씨 사이에 비집고 들어앉은데 이어 '반값 아파트'와 '공산당 허용' 같은 센세이셔널한 공약으로 좌충우돌하며 틈새를 벌리려고 애를 썼다. 하지만 어디까지나 제 3의 후보였을 뿐이었다.

그리고 민중운동의 현장에서 살아온 '민중후보' 백기완이 노동자와 농민들의 푼돈을 모아 후모등록 마감 직전 10원짜리 동전까지 세어 가며 선거 공탁금 3억 원을 채워 내고 선거전에 뛰어들었지만 의미 있는 변수가 되지는 못했다.

그래서 승부는, 87년 대통령선거를 통해 충청도 쪽의 영향력을 확인받은 김종필이 그만큼의 지분을 안고 김영삼에게, 또 '킹메이커'를 자처하던 김윤환이라는 노련한 정치꾼이 대구경북 쪽의 지분을 움켜쥐고 역시 김영삼에게 붙으면서 '학실히' 기울기 시작했다. 물론 그런 정치 거간꾼들의 저울질이 아니었다고 하더라도 원래 부산–경남 사람들은 전라남북도를 합친 것보다도 월등한 머릿수를 자랑하고 있었다. 그리고 언젠가 대구 출신 정치인이 부산 사람들을 향해, 다시 부산 출신 정치인이 대구 사람들을 향해 던졌던 '우리가 남이가'라는 전설적인 슬로건처럼 이왕 그렇게 편이 갈리기만 한다면 대구–경북 사람들이 아무렴 호남보다는 부산–경남 사람들 편을 들기가 쉬운 것도 당연했다. 거기에다 역시 온갖 돈줄과 물리력을 쥐고 배후에서 움직이는 국가권력을 등에 업은 여당 후보가 선거에서 지기는 어려운 시절이었음까지 감안한다면, 승부는 그렇게 결정되어 있는 것인지도 모른다.

그렇지만 일을 참 재미있게 만든 것은 '초원복국집 사건'이라는 것이었다. 선거를 얼마 남겨두지 않은 시점에서 전법무부장관 김기춘의 주선으로 관선부산시장, 부산지검장, 부산경찰청장, 안전기획부(지금의 국가정보원)부산지부장, 기무사부산지대장 등 공정한 선거 관리를 책임져야 할 부산 지역의 굵직한 공무원들이 부산 남천동의 '초원복국집'이라는 식당 객실에 모여 앉아 '김대중이 당선되면 우리 모두 영도다리에서 빠져 죽자'고 비장한 결의를 한 일이었다. 그 어이없는 수작이 하필 '안기부를 능가하는 정보력'을 자랑하던 현대그룹의 행동대장이자 정주영 후보의 아들인 정몽준의 부하들에게 도청되어 세상에 폭로되었고, 그 사건을 계기로 타격을 입을 거라던 김영삼은 오히려 막판 지지도 급상승이라는 기현상 속에서 김대중을 멀찌감치 따돌리고 당당히 대통령에 당선되고 말았다.

선거가 끝나자 그날의 모임을 폭로했던 정주영 후보 측이 불법 도청이란 죄로 곤욕을 치렀고, 복국집 모임의 주선자 김기춘은 여당 국회의원으로 화려하게 변신했다. 그래서 그날의 일은 그 뒤로도 '도덕이고 나발이고, 지역주의에 호소하는 것이 장땡'이라는 속설을 정치공학적 진리로 굳힌 계기가 되고 말았다.

말하자면 각자 이런저런 생각을 하던 영남 쪽 사람들이, 그 사건으로 김영삼이 순식간에 궁지에 몰린 모습을 보게 되자 '이러다가 정말 호남 출신의 김대중이 대통령 되는 꼴을 보는 거 아이가' 하는 생각에 번쩍 각성을 해 대거 김영삼 지지로 돌아섰더라는 얘기였다. 흔히 선거철이 되면 돌고 도는 '대통령에게 가장 필요한 덕목'에 관한 설문에서 항상 1, 2, 3순위를 먹는 '도덕성, 능력, 공정성' 따위보다 솔직히 훨씬 중요한 건 '우리 동네 출신이 잘 알아서 챙겨줄 이런저런 떡고물들'이라는 진실이 확인된 셈이다.

어쨌든 호남 사람들은 김대중에게 90퍼센트가 넘는 절대적인 지지를 보내고도 무려 200만 표 가까운 대패를 당했고, 진 것은 어쩔 수 없는 일이었다고 치더라도 오로지 머릿수와 협잡질 때문에 졌다는 더러운 기분을 아주 오랫동안 떨쳐낼 수 없었다. 그냥 진 거라면 분발해서 나중에라도 이기면 되는 일이겠지만, 머릿수 때문이라면…. 이심전심 전남북 전 도민들이 일치단결 '애 만들기'에 힘쓴다 하더라도 무려 20년은 지나고 봐야 승부를 걸어볼 수 있는, 아주 절망적인 일일 수밖에 없었기 때문이다.

어쨌거나 김대중은 개표방송이 채 끝나기도 전에 울먹이며 정계은퇴를 선언했고, 호남은 그 새벽 아주 길고 고요하게 흐느꼈다. 그리고 아직 붓기가 덜 빠진 눈으로 맞이한 새해 1993년, 호남인들을 위로해준 유일한 사건은 해태 타이거즈의 일곱 번째 우승이었다.

대학생들, 문민정부시대에 길을 잃다

앞에서 선동열의 평균자책점이 학사경고선인 1.70을 넘어간 적이 '거의' 없었다고 했던 것은 단 한 번 1994 시즌 때문이었다. 그 해 부상 후유증과 '더 이상 도전할 것이 없다'는 무기력증에 시달리며 선수 인생의 바닥을 달리던 선동열이 기록한 평균자책점은 2.73이었고, 언론들은 앞 다투어 선동열 시대의 종말을 입에 올렸다.

물론 2.73이라는 평균자책점 역시 무시무시한 수치임은 분명하다. 그동안 프로야구 무대를 거쳐 간 수천 명의 투수들 중에서 자신의 최전성기에 단 한 번이라도 그만큼의 성적을 만들어본 사람은, 물론 세어볼 수는 없었지만 분명 수십 명을 넘지 않기 때문이다. 그리고 실제로 2008 시즌까지 27년 동안의 역사에서 세 번은 그보다도 높은 평균자책점을 기록한 투수가 그 해 최고의 기록으로 남았을 정도로 대단한 기록이기 때문이다. 그러나 통산 평균자책점이 1.20밖에 안 되는* 자신의 평소 실력보다 두 배 이상 치솟은, 그래서 그 정도라면 이미 다른 팀들도 한 명 쯤은 보유하고 있는 보통 에이스와 다를 것이 없어졌다는 점에서 세상은 그 숫자를 비상한 관심으로 입에 올렸다. 선동열은 여전히 잘 던지는 투수였지만, 더 이상 신비로운 투수는 아니었고, 그렇다면 이미 '선동열'이 아니었기 때문이다.

이제 공부도 놀기도 화끈하지 못해 B학점의 플러스와 마이너스 사이를 오가던 대학가의 평범한 학생들이 자신들도 '선동열 방어율 학점'을 받고 말았다며 너스레를 떨기 시작했고, '선동열도 홈런 맞는다'는 이야기가 '골키퍼 있다고 골 들어가지 않는 게 아니다'는 말과 같은 뜻으로 통용되기 시작했다. 이제 선동열도 때로는 연속안타를 맞는 시대, 선동열도 가끔은 결정적인 순간 역전홈런을 맞고 고개를 숙인 채 미처 끝내지도 못한 이닝을 남겨둔 채 투수코치에게 공을 넘기고 더그아웃으로 들어가기도 하는 시대가 왔다. 절대적인 모든 것에 대한 신화와 환상이 깨지며 '세상 일 다 거기서 거기까지'라는 넋두리가 선동열뿐 아니라 우리들에게도 익숙한 시대가 온 것이다.

* 선동열 다음으로 낮은 기록을 가진 최동원의 통산 평균자책점이 2.46이다.

그 무렵, 청계천 헌책방 골목에는 막스와 레닌의 책들이 쏟아져 나왔고, 또 한 때 대학생들이 저마다 신주단지처럼, 성서처럼 부둥켜안고 생각과 행동의 준거로 삼던 사회과학도서들이 흘러나와 넘쳤다. '소련'이 무너진 마당에, 그저 붙들고 《자본론》을 들이 판다 한들 자본주의를 극복할 길이 보일 리가 있겠는가, 싶은 것이 그 때 대학가를 휘감던 공기였고, 반대로 '내가 아직 몰라서 그렇지, 어딘가 분명히 숨겨진 길이 있다'고 믿으며 그저 책 속에서 그 길을 찾아 헤매던 스스로가 오히려 한심하게 느껴지는 것이 그 시절의 분위기였다. '내가 모르는 것이 문제가 아니라 세상엔 애당초 길이 없다!' 난해한 철학용어들이 번지수를 잃고 표류하며 범람하던 대학교 앞 막걸리집 밤샘토론에서는 늘 그런 종류의 절망과 회의가 낙관과 확신을 압도했다.

박정희에서 전두환으로, 전두환에서 노태우로, 대통령이 바뀔 때마다 그 놈 이름을 넣어 '아무개정권 타도하자'고 외쳐보는 것이 일단 청년지성들이 해야 할 일이라는 데 이견이 없던 시절은 지나가버린 것이다. 김영삼의 시대는 여러 모로 세상을 혼란스럽게 만들었다.

한완상을 비롯해 꽤나 꼿꼿하게 깨끗한 길을 걸어온 사람들을 각료로 내세워 정권의 '때깔'을 바꾸는가 하면 전두환과 노태우를 '살인죄'로 잡아넣어 법정에 세우고 군부 내에 똬리를 틀고 있던 79년 쿠데타의 핵심세력 '하나회'를 발라내는 과단성을 보이기도 했다. 그리고 봄이면 대학생들이 새 학기 맞이 행사처럼 치르던 학교 앞 도로점거 시위에 전투경찰 대신 교통경찰을 보내 총학생회 '투쟁국장'들을 당혹스럽게 했다. 호루라기 하나 물고 나와서 운전자들 상대하느라 수고 많은 순경 아저씨들을 향해 돌멩이나 화염병을 집어던질 수는 없는 일이었기에 새 학기 준비로 겨우내 짚신 삼듯 정성껏 만들어둔 화염병들은 학생회실 구석 곳곳에서 랩으로 싸인 채 휘발유를 말려대고 있었다.

김영삼은 취임한 지 얼마 되지 않아 광주 5.18묘역을 찾았고, 가해자의 뒤를 그대로 이어받은 그의 앞길을 막아선 광주의 대학생들이 사회적 비난의 대상이 되기도 했다. 욕심만큼 선명하지는 않지만, 느리고 좀 자존심 상하고 속 터지는 방식으로나마 민주주의는 안착되고 지역주의는 녹아내릴 것 같았다.

아, 그래서 북유럽의 젊은이들이 그렇게들 자살을 한다는 것이었을까? 온통 밋밋하고 무료한 세상. 분명히 꼭 집어 말할 수 없는 불만거리들이 가득하건만, 그래도 세상은 무려 90퍼센트를 넘는 압도적인 수치로 '문민 대통령 시대'에 열광하고 있었고, 다시 경제는 제 궤도에 올라 순항을 시작하며 머지않은 선진국 진입을 예고하고 있었다. 대학가에는 데모 대신 어학연수와 배낭여행의 바람이 불기 시작했고, 되바라진 몇몇 여자 선배들은 배낭여행에서 만난 금발의 신랑감과 팔짱을 끼고 캠퍼스를 활보하며 세계화시대를 실감하게 했다.

그 때 난 볕도 들지 않는 동아리방에서 밤낮없이 소주병이나 까면서 본 적도 없는 허공 속의 적을 향해 투쟁가를 불러 제꼈을 뿐이고, 외국 한 번 나가볼 돈도 꿈도 없었을 뿐이고, 그래도 허리띠 왼쪽에 미니 카세트, 오른 쪽에 삐삐 차고 서태지의 '난 알아요'를 들으며 락카페 놀러 다니는 'X세대'들이 부러웠을 뿐이다.

해태 타이거즈 때문에 불행했던 팀 2

라이온즈는 언제나 강팀이었고 대개는 최강팀이었다. 그러나 우승과 지독하게 인연이 없는 팀이기도 했다. 무려 여덟 번이라는 최다 준우승의 기록을 가지고 있는 팀. 한국시리즈 우승컵 앞에서 가장 많은 눈물을 흘린 팀. 그것이 바로 라이온즈였다. 물론 '만년 준우승 라이온즈'의 야구는 매력이 있었다. 라이온즈의 상징인 이만수와 양준혁이 보여준 모습이 그랬듯이 말이다.

라이온즈를 거쳐 간 모든 선수들 중에서 이만수를 능가하는 인기와 지지를 얻고 있는 이는 없다. 그것은 이만수가 위대한 성적을 남긴 선수이기 때문만은 아니다. 물론 최초의 타자 트리플크라운을 비롯해, 그가 우리 야구사에 남겨놓은 업적을 일일이 떠올린다는 것이 오히려 새삼스럽다. 그러나 140개로 통산 5위에 올라 있는 병

살타가 말해주듯 결정적인 순간에 한 번씩 '김을 빼는' 만행이 그의 인기를 깎아 먹지는 않았다. 오히려 지금 떠올리면 이만수의 매력이란, 홈런을 치면 세상을 다 가진 듯 겅중겅중 뛰어오르다가도 다음 수비 때 결정적인 실책을 저지르면 스스로도 도저히 용서할 수 없다는 듯 땅이 꺼져라 한숨을 쉬고 얼굴을 구기던 그 천진한 표정이었다.

양준혁 또한 그렇다. 사실 열 시즌 이상 3할 대를 치고 있는 정교한 타자임에도 불구하고 그가 가진 이미지는 '무지막지한 도끼질'이다. 그것은 데뷔 첫 해 방위복무를 하느라 홈경기에만 나서면서도 홈런 2위에 올랐던 가공할 만한 홈런포의 기억 때문일 수도 있고, 공을 맞추든 헛스윙을 하든 타석에서 그가 보여주는 '만세타법' 때문일 수도 있다. 그런 그 역시 이미 선배 이만수의 기록을 넘어 통산 3위의 병살타 행진을 벌이고 있기도 하지만, 어쨌든 완벽과는 거리가 멀어 보이는 투박한 이미지가 그의 중요한 인기비결 중 하나라는 것은 분명하다.

라이온즈는 압도적인 힘으로 리그를 지배했지만, 마지막 순간 눈에 핏발을 세우고 달려드는 배고픈 도전자에게 무릎을 꿇는 '빈틈이 있는 강자'의 모습으로 우리 야구사의 드라마에서 항상 비중 있는 조연을 맡아왔다. 김유동 앞에 무릎 꿇은 이선희가 그랬고, 최동원 앞에 무릎 꿇은 김시진이 그랬다. '최강 라이온즈를 꺾은 투혼의 드라마'가 한국 프로야구 리그를 열광시킨 에너지였다면, 마지막

돌부리에 걸려 넘어진 최강자가 남몰래 훔쳐내는 눈물은 그 온기를 전해주는 페이소스였다. 그래서 라이온즈는 최강의 팀이면서도 역설적으로 가장 인간미를 느끼게 하는 팀이었다.

라이온즈가 초조해지기 시작한 것은 90년대 들어서면서부터였다. 1986년과 1987년 거푸 정규리그에서 1위를 차지하고도 해태 타이거즈와 한국시리즈에서 맞붙어 분루를 삼켜야 했던 불운은 10년이 넘도록 반복되었고, 라이온즈 선수들 스스로도 그것을 '불운'이라고 부르기 민망한 세월이 흘렀기 때문이다. 최강자의 눈물에 보내던 위로와 격려의 박수는, 이제 '배부른 사자'와 '부잣집 도련님'이라는 비아냥으로 바뀌어가고 있었다.

그 무렵 설상가상, 선동열이라는 절대강자를 앞세운 해태 타이거즈의 벽은 더 단단해졌고, 라이온즈의 라인업은 예전 같지 않았다. 이만수와 장효조의 자리를 김성래와 강기웅, 양준혁이 이어간 타선은 그렇다 치더라도 원년 황규봉, 이선희, 권영호의 '15승 트로이카'에서 85년 김시진, 김일융의 '25승 원투펀치'로 이어지던 압도적인 마운드를 대신하기에 김상엽과 성준은 부족했다. 반칙이라는 평가까지 듣던 선수 구성이 이제는 '마운드만큼은 기우는 감이 있다'는 평가를 받을 정도로까지 낮아져 있었던 것이다.

93년 한국시리즈는, 라이온즈가 '객관적 전력 면에서 열세'라는 평가를 받으며 임한 첫 번째 한국시리즈였다. 그 해 타격, 홈런, 타점 부문을 경쟁적으로 휩쓴 김성래와 양준혁을 앞세운 타선은 훌륭

했다. 그러나 다승왕 조계현을 필두로 송유석, 김정수, 이강철, 이대진이라는 5명의 선발투수와 완벽 마무리 선동열까지 6명의 10승대 투수를 배출한 해태 타이거즈의 마운드는 김상엽, 김태한, 박충식으로 맞서는 라이온즈에 비교할 바가 아니었다. 야구는, 특히 한국시리즈는 투수놀음이 아니던가.

1차전과 2차전을 각각 나눠가진 두 팀이 각기 승부의 고비라고 생각하며 맞선 대구구장 3차전, 양 팀의 선발은 문희수와 박충식이었다. 그 해 14승을 올린 신인 박충식의 성적이 나았지만, 가을까치 김정수에 버금가는 한국시리즈의 사나이 문희수 쪽의 경험도 만만치 않았다. 일단 경기는 3회까지 1대 1의 팽팽한 균형으로 흘러가는 듯했다. 그런데 그 때 해태 김응용 감독은 갑자기 선동열을 마운드에 올리는 강수를 두었다. 삼성의 덕아웃과 응원석에서 한숨이 터져 나왔다. TV 앞의 삼성 팬들은 김응용과 선동열이라는 이름이 뒤섞인 욕설을 내뱉기도 했다. 선동열은, 단 한 개의 공도 던지지 않은 순간부터 이미 경기의 흐름을 바꾸는 투수였다.

더구나 93년은 선동열이 가장 빛났던 해였다. 92년, 부상 때문에 85년부터 91년까지 7년간 독식해오던 방어율왕 타이틀을 내놓았던 그는, 93년 바로 그 시즌 126.1이닝동안 0.78이라는 비현실적인 평균자책점을 기록하며 되돌아왔다. 게다가 세이브 포인트 부문에서 최초로 40을 돌파해 41을 기록하면서 더욱 강해진 선동열이었다. 그런 선동열의 공을 때려낼 수 있다고 생각하는 타자도, 맞상대해서 이길 수 있다고 믿는 투수도 없었다. 상대팀 감독으로서 최선의 대안은 '선동열이 없는 사이에 승부를 결정짓는 것' 뿐이었다.

그러나 모두가 끝이라고 생각하는 순간 시작되는 것이 드라마다. 박충식은 선동열이라는 이름 자체를 모른다는 듯 기세등등한 공을 뿌려댔고, 타이거즈 타자들은 차례로 공 서너 개에 한 명씩 타석을 돌아 벤치로 향했다. 어떤 이는 '화랑 관창이 백전노장 계백에게 달려드는 모습이 저렇지 않았겠느냐'고 표현하기도 했다. 자신을 두려워하지 않는 상대에게 위축된 것은 오히려 선동열이었다. 선동열은 7회에 먼저 한 점을 실점하면서 흔들리는 모습을 보이더니, 결국 10회가 끝난 뒤 어깨통증을 호소하며 먼저 마운드를 내려갔다.

박충식도 8회에 한 점을 내주며 스코어는 2대 2. 그러나 삼성 응원석은 완승의 분위기였다. 선동열에 맞서서 지지 않은 경기라면 누가 올라오든 이길 수 있다는 것이 모두의 확신이었다. 반대로 타이거즈 쪽은 불안의 그림자가 감돌았다. 그 순간 선동열도 고개를 젓고 내려간 해태 마운드에 올라온 것은 '마당쇠' 송유석이었다.

버둥거리는 듯한 어설픈 동작으로 던지는 송유석의 공은, 선동열에 비해 너무 쉬워 보였다. 라이온즈 응원석은 연신 '날려버려'라는 함성으로 넘실댔고, 그것이 김성래든, 양준혁이든, 혹은 이종두나 강기웅이든 한 번만 걸리면 경기가 끝나리라는 확신이 전염되었다. 그런 승기를 업고 11회, 마운드에 오른 것은 또다시 박충식이었다. 응원석에서는 환호성과 함께 걱정스런 수군거림이 낮게 깔려 들었다. "재, 괜찮을까?"

이미 권영호 투수코치는 두 번이나 마운드에 올랐다가 곤혹스런 표정으로 머리를 긁으며 돌아선 뒤였다. 박충식은 마저 던지겠다고 고집했고 구위도 너무 좋았다. 바뀐 투수가 더 좋은 공을 던질 수 있다는 확신이 없다면, 마음을 결정하기 쉽지 않은 것이 코칭스태프이다. 게다가 한 경기에 모든 것을 걸어야 하는 한국 시리즈가 아닌가.

싱커를 주무기로 하고 직구는 기껏해야 140킬로미터를 넘기지 못하는 잠수함 투수였지만, 박충식은 보기 드물게 공격적인 투수였다. 그래서 투 스트라이크를 잡은 뒤 유인구를 생략하고 3구를 가운데로 찔러 넣는 버릇이 있었고, 그의 트레이드마크는 3구 삼진이었다. 물론 그런 선부른 승부가 노련한 상대에 걸리면 아쉬운 굿바이홈런으로 이어지기도 했지만 말이다. 그런 못 말릴 근성으로 그는 11회 마운드에 올랐다. 11회부터 15회까지 대구경기장은 침 한 번 삼킬 겨를이 없는 진공상태였다. 회가 갈수록 박충식의 손을 떠난 싱커는 마치 살아 있는 짐승처럼 꿈틀거렸고, 쉴 틈 없이 공략해대는 세 개의 스트라이크에 호흡을 놓친 해태의 타자들은 제 방망이에 화풀이를 하며 돌아섰다.

그런 숨 막히는 투수전 끝에 15회 말 라이온즈의 공격이 마무리되고 경기는 무승부로 끝났다. 3차전까지 두 팀 모두 1승 1무 1패.

그러나 라이온즈 선수들은 승리 못지않은 자축의 하이파이브를 나누었다. 100개가 넘는 공을 던진 선동열은 이제 최소한 두 경기는 나오지 못할 것이었고, 매 경기 선동열이 나타나기 전까지 승부를 결정지어야 한다는 조바심에서 일단 해방되었기 때문이다. 게다가 문희수나 송유석도 당분간은 만나지 않을 수 있었다. 그러나 라이온즈가 소모한 것은 오직 박충식 하나뿐이었다.

실제로 라이온즈는 3차전의 기세를 몰아 4차전을 승리하며 먼저 2승 고지에 올랐다. 그러나 결국 그 시리즈의 최종 승자로 기록된 것은 역시 해태 타이거즈의 이종범이었다. 그 해 그는 전반적으로 풀이 죽어 있던 팀 타선에서 그나마 가장 준수한 2할8푼 타율에 시원시원한 발놀림으로 85득점, 73도루를 만들어내며 두 부문 1위와 2위에 랭크되었으며, 그러면서도 홈런도 16개나 만들어내는 다재다능함을 뽐냈다. 여느 해 신인왕 못지않은 활약을 하고도 신인왕을 놓쳐야 했던 것은 물론 양준혁 때문이었다. 그러나 홈런과 같은 KO 펀치가 아니라 잔매로 승부가 갈리는 막상막하의 얼음장 대결에서는 그의 스피드가 한 층 빛을 발할 수 있었다.

이만수가 급격한 체력저하에 시달린데다가 빙그레에 투수 이상목을 주고 데려온 강견의 포수 박선일 마저 플레이오프에서 손가락을 다쳐 홀로 안방을 지켜야 했던 삼성 포수 김성현은 송구능력이 취약하다는 결정적인 약점을 가지고 있었다. 그리고 이종범은 그런 상대의 약점을 노릴 줄 아는 센스와 스피드를 가지고 있었다. 박충식의 투혼에 이어 4차전 김상엽의 호투까지 이어진 삼성에게 해태가 1승 1무 2패로 끌려가며 맞이한 5차전. 이종범은 단타에 이어 2루 도루, 3루 도루 그리고 짧은 외야플라이에 홈 리터치 득점까지 성공시키며 삼성 수비진의 정신을 쏙 빼놓았고, 삼성 수비수들은 뭔가에 홀린 듯 실책을 연발하며 자멸하기 시작했다. 그리고 연달아 6차전과 7차전, 다시 전열을 정비한 해태 타이거즈와 동요하기 시작한 삼성 라이온즈의 대결은 1987년 4승과 4패로 희비가 극명하게 갈렸던 6년 전과 꼭 같은 모양으로 돌아가기 시작했다.

기자단은 한국시리즈 MVP투표에서 2승 1세이브를 기록한 선동열보다도 7개의 도루와 9안타 4타점을 기록한 이종범을 높이 평가했다. 그는 무려 48표 중 45표를 휩쓸며 MVP에 선정되며 신인왕 실패의 아쉬움을 깨끗이 씻어낼 수 있었다. 그리고 해태 타이거즈는 일곱 번의 한국시리즈에서 일곱 번째로 우승을 달성하는 완벽 신화를 이어갔고, 삼성 라이온즈는 '5전 6기'에 실패하며 '6전 7기'를 꿈꾸어야 하는 처지를 이어가게 되었다. 그것은 박충식의 투혼만으로 채 따라잡을 수 없는 타이거즈의 저력이었다.

그러나 3차전에서 박충식이 무려 181개의 공을 던지며 불사른 투혼이 무의미한 것은 아니었다. 그것은 라이온즈가 우승을 하기 위해 필요한 것이 무엇인지를 보여주었고, 승부가 갈리는 마지막 순간에 떠올리고 힘을 낼 수 있는 하나의 역사이며 상징으로 자리 잡았기 때문이다.

뒷날 라이온즈가 우승 고지에 올라섰을 때도 그 과정은 항상 치열하고 험난했다. 2002년 한국시리즈 우승을 결정짓던 6차전에서 이승엽과 마해영이 9회 말에 연출했던 동점과 역전 홈런쇼, 비록 준우승이었지만 2004년에 연출한 배영수의 10이닝 노히트노런과 현대와의 9차전 혈투.

단순히 강한 전력만으로 올라설 수 없는 것이 한국시리즈 정상의 자리다. 따라서 마지막 순간에 포기하지 않고 달려드는 한 호흡이 필요한 것이며, 그 호흡을 견뎌낼 수 있게 해주는 것은 집념이며 내공이다. 이제는 최강자일 뿐 아니라 마지막 순간까지 강한 집념을 놓지 않는 사자들의 마지막 호흡에 겹쳐지는 것은 이선희와 김시진의 눈물과 한이기보다는 박충식의 거친 호흡이었다.

어쩌면 2000년대 들어 삼성 라이온즈가 해태 타이거즈 출신 선수와 지도자들의 대대적인 영입을 추진했던 것 역시 그 날 박충식이 뿌려놓은 단초로부터 흘러 나간 역사였는지도 모른다. 도저히 어떻게 해볼 도리가 없던 철벽 해태 타이거즈와 맞서 한 치도 주눅들지 않고 타올랐던 광주상고(현 광주 동성고) 출신의 신인 박충식. 그래서 그의 모습을 지켜보며 그저 강해지는 것을 넘어 우승을 원한다면 '해태 타이거즈적인' 무언가를 수혈해 체질을 개선할 필요가 있다는 생각을 했던 것이 일반 야구팬들 몇몇의 생각만은 아니었나 보다.

창단 후 해체로 돌격했던 쌍방울 레이더스

1991년, 몇 년 째 소문으로만 떠돌던 제8구단이 모습을 드러냈다. 빙그레 이글스가 가세한 1986년 이후 7개 팀으로 리그를 운영하느라 매일 한 팀씩은 짝을 짓지 못해 경기를 쉬도록 해야 했던 한국프로야구에 여덟 번째 구단의 창단은 진작부터 시급한 과제로 던져져 있었다. 그리고 마산을 연고지로 해서 도전했던 한일그룹과의 경쟁에서 승리한 전북 연고의 내의제조업체 쌍방울이 그 주인으로 선정되었던 것이다.

제 8구단의 이른 안착을 위해 한국야구위원회는 쌍방울에게 2년간 신인 2차 지명에서 먼저 10명을 선발할 수 있는 권리와 나머지 7개 구단에서 22명의 보호선수를 제외한 선수들 중 2명씩을 마음대로 선발해 영입할 수 있는 권리를 부여해주었다. 그리고 90년에 창단했지만 91년부터 1군 무대에 등장하기로 되어 있던 쌍방울은 1년간 착실히 전력을 다지며 2군 무대에서 담금질을 했다. 변변한 지원정책 하나 없이 내던져진 채 고스란히 압도적인 꼴찌의 수모를 겪으며 적응기를 가져야 했던 5년 전의 신생팀 빙그레 이글스에 비해 훨씬 좋은 조건으로 첫 시즌을 맞이할 수 있었던 것이다.*

1991년 4월 11일, 쌍방울 레이더스의 역사적인 창단 첫 경기 상대는, 프로야구사에 중도 합류한 신생팀으로서 똑같은 길을 걸었던 하필 빙그레 이글스였다. 이미 당시의 이글스는 전년도에도 포스트 시즌에 진출한 바 있었거니와 당시 정규리그에서만큼은 최강으로 인정받던 강팀이었다.** 그러나 그 경기에 선발등판한 조규제는 이글스의 유명한 다이너마이트타선을 무실점으로 틀어막았고, 송인호로부터 터져 나온 도깨비 타선은 무려 11점을 뽑아냈다. 11대 0. 경악스런 출발이었다.

* 프로야구 신인지명제도 – 출범 첫 해 각 팀은 연고지 안에 있는 고교출신 선수들을 무제한으로 뽑아 선수로 쓸 수 있었다. 그러나 그런 제도를 계속 유지한다면 지역감정대결이 지나치게 격화되거나 팀들 사이의 전력격차가 심화될 수도 있었다. 그래서 이듬해부터는 일정 수의 선수들에 대해 연고지 팀에게 우선권을 주되 나머지 선수들에 대해서는 지난 시즌 성적의 역순으로 지명권을 주도록 했는데, 연고지 팀이 우선권을 행사하는 것을 1차 지명, 나머지 선수들을 대상으로 모든 팀들이 성적순으로 지명하는 것을 2차 지명으로 나눈다. 그 중 1차 지명권의 수는 해마다 조금씩 달라졌다. 1984~1986, 10명. 1987~1989, 3명. 1990, 2명. 1991 이후, 1명. 2007, 2명. 2008~2009, 1명. 2010, 전면드래프트 (1차 지명 폐지)

** 빙그레 이글스는 1988년에서 1992년 사이 정규리그에서는 압도적인 전력을 과시하며 네 번이나 한국시리즈에 진출하고도 해태에게 세 번, 롯데에게 한 번 무릎을 꿇은 '무관의 제왕'이었다.

첫 해 레이더스 최고의 스타는 조규제와 김기태였다. 86년 대통령배와 황금사자기 2관왕을 이끌며 '역전의 명수' 군산상고에 제 2의 전성기를 열었던 주역인 조규제는 172센티미터에 불과한 단신의 좌완투수면서도 시속 150킬로미터에 육박하는 강속구를 뿌리며 박동희, 정민태, 구대성 등과 당당히 파워대결을 벌이는 국가대표팀 주축 투수로 성장해 있었다. 그는 프로무대에서도 데뷔 첫 해인 그 해 주전 마무리였지만 이따금 선발로도 나서면서 9승과 27세이브를 기록했는데, 142.1이닝 투구에 평균자책점은 1.64에 불과했다. 그 해 투수 전 부문에서 선동열과 선두를 다투는 성적이었고 레이더스가 거둔 52번의 승리 중에서 모두 합쳐 무려 36번의 승리와 세이브로 팀 전체 승리의 70퍼센트 가까이를 조규제 혼자서 책임진 셈이었다.

반면 타선의 중심을 잡은 것은 김기태였다. 그는 그 해 당시로는 역대신인 최다홈런기록인(다섯 해 뒤 데뷔한 박재홍이 30개를 기록하면서 넘어서지만) 27개의 홈런을 터뜨리며 무려 92타점을 기록해 확실한 득점공식으로 자리 잡았다.

물론 첫 판에서 거둔 대승의 기세가 오래 가지는 못했다. 곧 한 번 이기면 두 번 지는 페이스가 되풀이되었고, 간혹 3,4연승으로

* 결국 신인왕을 차지한 것은 윤석환(84), 송진우(89)에 이어 세 번째 신인 구원왕에 오른 조규제였다.

기세를 올리면 곧바로 5,6연패로 토해내기를 거듭했다. 그리고 봄날 반짝 치고 올라갔던 순위는 곧 하위권으로 옮겨졌다. 얇은 선수층과 부족한 실전 경험은 그리 쉽게 극복될 수 있는 것이 아니었기 때문이다. 그러나 그 해 신인왕 경쟁의 구도는 꾸준히 조규제와 김기태 사이의 집안싸움으로 이어졌고*, 그렇게 지펴진 풋풋하고 후끈한 에너지에 기대 레이더스는 후발주자로서 창단 첫 해 탈꼴찌에 성공하는 작은 이변을 과시하기도 했다.

하지만 비좁은 연고지와 모기업의 빈약한 자금력이 강팀으로 부상할 수 있는 조건을 만들기에 한계가 있었다. 근본적인 문제는 이미 호남야구의 주도권이 광주(광주일고, 광주상고, 진흥고)로 넘어간 마당에 해마다 군산상고에만 매달릴 수밖에 없던 1차 지명의 빈약함에 있었다. 혹 운이 좋아 2차 지명에서 굵직한 신인을 지명하는 행운을 잡더라도 그들에게 만족할 만한 몸값을 제시할 수 없었던 것은 더욱 심각했다. 그렇게 92년에는 8명을 지명해놓

쌍방울 레이더스 시절 조규제의 투구 모습.

고도 양준혁을 비롯한 다섯 명을 놓쳐 빈손으로 돌아섰는가 하면, 95년에도 무려 4명의 신인 지명자를 아마팀 현대 피닉스*와의 돈싸움에 밀려 빼앗기며 해가 갈수록 단단해져야 하는 전력은 오히려 더 물러지기만 했다. 그래서 기존의 전력은 노출되고 새로운 전력의 보강은 더뎌지면서 92년과 94년, 95년 연속으로 꼴찌에 내몰렸고, 레이더스는 1980년대 삼미 슈퍼스타즈와 청보 핀토스에 이어 1990년대를 대표하는 꼴찌 팀으로 기억되기 시작했다.

쌍방울 레이더스의 전성기는 96년과 97년이었다. 만년 꼴찌팀 태평양 돌핀스를 창단 후 처음으로 1989년 포스트시즌에 진출시키는 돌풍을 연출했던 김성근 감독이 만들어낸 마술이었다. 그 두 해 동안 레이더스는 김원형에서 김현욱을 거쳐 조규제로 이어지는 마운드의 필승공식에 김기태를 중심으로 김광림, 박노준, 박철우, 심성보 등이 가세한 공포의 왼손 타선으로 뒤를 받쳐 두 해 연속으로 플레이오프에 진출하는 기염을 토해냈다. 큰 돈 들여 유명한 선수

* 기존 구단들의 견제 때문에 프로야구 진출이 쉽지 않던 현대가 1994년 겨울 제2리그 창설도 불사하겠다며 만든 매머드급 실업야구팀이었다. 막강한 자금력을 바탕으로 문동환, 박재홍, 임선동, 조경환, 강혁 같은 국가대표 주전급 선수들을 각자 3억이 넘는 계약금으로 끌어들이며 프로야구 신인선발을 황폐화시킬 정도였다. 결국 한 해 뒤 태평양 돌핀스를 인수해 프로야구 진출의 꿈을 이룬 뒤에는 보유하고 있던 선수들을 우회적으로 프로팀 현대 유니콘스에 공급하는 기능을 하기도 했다. 광주 출신의 박재홍과 서울 출신의 임선동, 부산 출신의 문동환과 맞바꾸어 들여온 롯데 출신 전준호 등이 모두 그런 통로를 통해 현대 유니콘스의 옷을 입었다.

들을 모아 팀을 만들 수 없는 것은 여전했지만, 이 팀 저 팀에서 버림받은 선수들을 모아 '재활용'하고, 아직 빛을 내지 못하고 있던 원석(原石)들을 주어다가 다듬으며 전력을 꾸려낸 결과였다.

개인성적에 대한 고려를 배제한 채 철저한 분업을 통해 승부에 집중하는 그들의 야구는 '벌떼 야구'라는 별명을 얻었고, 객관적 전력 차에도 불구하고 겁 없이 들이받는 경기 스타일로 '돌격대(물론 팀 이름인 'Raiders'에 돌격대라는 뜻이 들어 있다)'라 불리기도 했다. 그리고 그렇게 다람쥐 도토리 모으듯 1승, 1승을 주워 모아 따뜻한 가을을 맞는 그들을, 사람들은 '공포의 외인구단'이라고 부르기도 했다.

그러나 1997년 겨울에 터진 IMF 경제위기 와중에 모기업 쌍방울이 부도를 맞으며 레이더스는 선수들 식사비와 숙박비조차 감당하기 어려울 정도의 극심한 운영난에 빠지고 말았다. 결국 선수단 운영비는 선수들을 내다 팔고 받은 돈으로 충당되어야 했고, 20억을 받고 삼성에 김기태와 김현욱을, 15억을 받고 현대에 박경완과 조규제를 팔아 치웠야 했다. 아무리 애초에 백지 위에 그린 그림이었지만, 일거에 주전포수와 4번 타자, 20승 투수와 30세이브 투수를 들어내고도 주저앉지 않을 수 있는 팀은 없는 법이다. 쌍방울은 그렇게 말라 죽어갔다.

결국 쌍방울 레이더스는 2000년 1월 6일, 한국야구위원회의 법정퇴출 선고와 함께 해체되었다. 그리고 쌍방울 레이더스의 연고지인 전북은 기아 타이거즈에게 반환되었고, 선수들의 상당수는 팔려가거나 은퇴하거나 방출되었으며, 그 나머지는 SK 와이번스로 흡수되었다. 오늘날 야구팀 중 누구도 쌍방울 레이더스의 후계자를 자처하지 않으며, 그 시절의 자료와 기억과 추억 역시 얼마 남지 않은 팬들의 기억 속으로 방치되어버리고 말았다.

그런데 쌍방울 레이더스의 비극은 이미 창단 초기부터 잉태된 것이기도 했다. 정작 연고지인 전북 지역에서조차도 쌍방울 레이더스는 가장 인기 있는 팀이 아니었을 뿐만 아니라 어떤 의미에서는 가장 미움을 받는 팀이기도 했기 때문이다.

제 8구단을 둘러싼 음모론

쌍방울 레이더스의 창단은 숱한 의혹과 소문을 몰고 온 사건이었다. 바로 해태 타이거즈의 독주를 시샘하고 해태 타이거즈에게서 정서적 구심점을 찾고 뭉치는 호남 사람들을 경계한 영남 출신의 집권세력들이, 해태 타이거즈의 전력을 약화시키기 위해 꾸민 음모라는 소문이 파다했던 것이다.

실제로 1980년대만 놓고 보더라도 1986년부터 1989년까지의 4년 연속 우승을 포함해 다섯 번 한국시리즈에 진출해 다섯 번 모두 우승한 해태 타이거즈는 한국 프로야구의 절대강자였다. 대통령을 비롯해 세상을 한 손에 넣고 주무르던 높으신 분들 역시 마음속으로 응원하고 있음에 분명한 고향 팀 삼성 라이온즈와 롯데 자이언츠가 해마다 해태 타이거즈의 벽에 가로막혀 눈물 흘리는 일이 반복되자, '그분들'의 눈 밖에 난 것들의 운명이 늘 그래왔듯 해태 타이거즈 역시 무슨 일이든 당하고야 말거라는 것이 자연스런 연상이기도 했다.

그리고 아직 자유계약(FA)제도가 도입되기 전이었기에 팀의 전력구성이 돈을 주고받는 트레이드보다는 거의 전적으로 신인선발에 의존하던 시절이었고, 혹시라도 어느 팀의 전력을 조금이라도 약화시키기 위해서는 신인을 선발할 수 있는 연고지를 잘라내는 방법밖에 없다는 현실적 조건에 대한 인식도 물론 한몫을 했다. 그러나 그것은 앞뒤를 따져보면 음모랄 것도 없는 흐름의 한 고비에서 빚어진 일이기도 했다. 그 시점에서 여덟 번째 구단이 필요했다는 점, 유력한 후보지 중 한 곳이 전북이었다는 점은 누구나 인정할 수 있는 사실이었기 때문이다.

애초에 한국 프로야구가 출범했을 때만 하더라도 제대로 이륙조차 하지 못한 채 추락하고 말 것이라는 비관론이 압도적으로 우세했던 것이 사실이다. 경제학자들은 1인당 국민소득이 2만 달러는 되어야 프로스포츠의 안착이 가능하다고 말한다. 그즈음은 되어야 국민들이 비로소 운동장을 찾아 여가를 즐기며 돈을 쓸 여유가 생기기 때문이다. 1인당 국민소득 2천 달러에 간신히 턱걸이를 하던 1980년대 초, 한국인들은 매일 야구장을 찾아 입장권을 팔아줄 만한 여유를 가지고 있지 못했고, 기업들 역시 야구티켓에 끼워 팔 만한 상품과 문화들을 그리 폭넓게 만들어내지 못하고 있었다. 그래서 대표적인 여섯 개의 대기업 총수들이 '건전한 국민여가문화 창출을 위한 다소간의 역할'을 권하는 대통령의 말씀을 거역하지 못하고 한몫씩을 감당하던 '울며 겨자 먹기'였다.

만약 출범의 핵심동력이었던 전두환 대통령 각하의 힘이나 관심 중 하나만이라도 사라지면, 마법이 풀린 마차가 순식간에 호박덩어리로 변하듯 녹아 사라져버리고 말 것이 프로야구의 운명임을, 알 만한 사람들은 모두 알고 있었다.

그러나 원년 개막전과 한국시리즈 최종전에 터진 만루홈런쇼* 에 이어 82년 세계야구선수권대회에서의 극적 역전우승 드라마에 힘입으며, 그리고 KBS가 KBO(한국야구위원회)의 자회사가 아니냐는 비아냥을 들을 만큼 화끈했던 방송 등등 매체의 지원이 약효를 내며 예상 밖의 흥행몰이에 성공하자 사정은 달라졌다.

애초에 꽃꽃이 굴며 쓴잔을 피해나갔던 현대와 대우를 비롯해 돈 좀 있다는 기업들마다 이제라도 한 자리 끼어볼 수 없겠느냐고 기웃거리는 시절이 된 것이다. 반면 강매로 산 복권이 당첨된 꼴이었던 6개 구단은 새삼 목에 힘을 주기 시작했다. 그래서 1985년,

* 1982년 3월 27일, 한국프로야구의 역사는 연장 10회 말 투아웃 상황에서 터져 나온 6번 타자 이종도의 역전홈런으로 MBC 청룡이 승리한 개막전으로 시작되었다. 그리고 그 해의 마지막 경기였던 10월 11일 한국시리즈 6차전 역시 9회 초 투아웃에서 터져 나온 김유동의 만루홈런으로 OB 베어스의 우승이 확정되며 마무리되었다. 재미있는 것은 그 두 번의 극적인 만루홈런이 모두 삼성 라이온즈의 투수 이선희 한 사람을 상대로 터져 나온 것이라는 점이었다.

마침 급한 마음에 3년만 맡아달라며 잡아두었던 OB 베어스가 끝내 서울로 떠나버리며 비어버린 충청권 연고지의 주인으로 낙점 받은 빙그레도 꽤나 질긴 실랑이 끝에 도곡동에 7층짜리 건물을 지어 KBO에 가입비로 내고서야 제 7구단 창단을 허락받을 수 있었던 것이다.

그러나 상대가 있어야 경기를 할 수 있는 야구에서 홀수의 팀으로 리그를 운영하는 것은 애초에 무리였다. 그래서 빙그레 이글스가 리그에 참가한 1986년부터 곧바로 제 8구단 창단의 필요성이 제기되었고, 자연스럽게 프로야구팀을 창단할 만한 연고지로 물망에 오른 것이 전주를 중심으로 한 전라북도와 마산을 중심으로 한 경상남도였다. 그래서 막판까지 경합을 벌인 것이 그 두 지역을 기반으로 신청서를 넣은 쌍방울과 한일그룹이었고, 한일그룹이 중도에 포기를 선언하는 우여곡절 끝에 결국 전북 연고의 쌍방울 레이더스가 탄생하게 되었던 것이다.

권투나 씨름 같은 격투 스포츠에는 '2년 넘게 챔피언이 바뀌지 않으면 단체가 망한다'는 속설도 있듯, 절대강자의 존재는 곧 흥행의 최대 악재이기도 하다. 스포츠 관전의 즐거움은 역시 승과 패가 어떻게 갈릴지 모른다는 호기심에서 비롯되는 것이기 때문이다. 따라서 4년 연속 우승이라는 해태 타이거즈의 압도적인 전력이 프로야구 전체에 대한 흥미를 반감시키는 것도 분명한 사실이었다. 그래서 이왕이면 부잣집 해태 타이거즈의 텃밭을 조금 잘라내 전체적인 전력평준화 효과까지 노릴 수 있다는 것 또한 중요한 고려사항이었을 것이다.

그러나 어쨌든 애초 해태 원년 멤버의 대부분을 배출한 구단의 발상지인 군산*이 있고 어제까지만 해도 '해태 타이거즈'를 내 새끼로 생각하며 열정적인 응원을 아끼지 않았던 전북사람들은 갑자기 등장한 낯선 고향 팀을 쉽사리 받아들이기 어려웠다. 그리고 그 심리적 공백으로 음모론이 비집고 들어섰다. '해태가 만날 우승하는 꼴을 보기 싫었던 TK정권이 해태를 약화시키려고 전남북을 갈라놓았다.'

그래서 전주와 군산의 초등학교 교실에서 '진짜 고향 팀' 쌍방울의 출현에 환호했던 순진한 아이들은 '영원한 고향 팀' 해태의 옹호자들에게 포위되었다. 그 아이들의 어린 시절은 철이 없다는, 혹은 지조가 없다는, 그리고 배신자라는 딱지 때문에 생채기가 났고, 묵묵한 응원에도 불구하고 끗끗이 바닥을 기어 다니는 레이더스의 성적 때문에 멍이 들었다.

* 1982년, 해태 타이거즈 창단 멤버 14명 중 10명이 군산상고 출신이었다.

인터뷰

쌍방울 레이더스 **팬클럽**

2000년 1월 6일, 쌍방울 레이더스의 법정퇴출이 확정되었다. 모기업의 부도 속에서 '내일'을 걱정할 겨를이 없었던 마지막 두 해 동안 팀의 주축선수들을 대부분 팔아버리고 빈껍데기 팀으로 전락한 탓이 컸다. 끝내 매수자를 찾지 못하고 해체되는 운명에 처한 것이다. 그래서 가볍지 않았던 10년의 역사는 그 순간 끝을 맺었고, 내내 바닥을 기다시피 했던 성적에도 불구하고 경기장을 찾아주었던 몇 안 되는 팬들 역시 허공에 내쳐졌다. 한국프로야구사에서 제일 먼저 꼽아야 할 비극이었다.

그런데 10여 년 가까이 세월이 흐른 지금도 그 팀의 팬들이 남아있다는 것을 알게 되었을 때, 참 신기하고도 대단하다는 생각을 했다. 함께 떠올리며 행복해할 우승의 기억도, 끊임없이 기억을 떠올려줄 후계자도 없이 십여 년의 세월을 모여 앉아 사라진 팀을 그리워하기도 하는 것이 또한 야구팬들의 모습이 아닐까.

인터넷 카페 '쌍방울 레이더스 팬클럽'(cafe.daum.net/sbwraiders)의 운영자 '방울방울'과 '지식노점상'을 만났다. 두 사람 모두 70년대 초중반에 태어난 야구세대들이었고, 방울방울은 전주토박이였으며, 지식노점상은 놀랍게도 부산출신이었다. 부산 사람으로서

'마땅히' 롯데 자이언츠를 응원하지 않은 이유가 궁금했다. 그러나 연고지인 전주 출신이라고 해서 쌍방울 레이더스의 팬이 된다는 것도 당연한 것은 아니었다.

쌍방울 레이더스의 마스코트.

10년간의 역사에서 레이더스는, 96년과 97년 단 두 번을 제외하고는 포스트시즌에 진출해보지 못한 팀이었다. 나머지는 중위권도 아닌 하위권, 하위권 중에서도 최하위권을 도맡아한 팀이었다. 그래서 전주와 군산에서마저도 환영만 받는 팀은 아니었다. 진작부터 해태 타이거즈를 응원해왔고, 더구나 연전연승하는 해태 타이거즈와 함께 야구장에서만큼은 어깨를 쭉 펼 수 있는 선택받은 자들의 위치에서 '꼴찌 팀 팬'의 자리로 내려오는 것은 그리 기꺼운 일이 아니었기 때문이다.

"전주는 그래도 좀 나았는데, 군산 쪽에서는 특히 해태 타이거즈 팬들이 많았죠. 원래 군산상고 인기가 대단한 곳인 데다가, 초창기에 해태 타이거즈 선수들이 대부분 군산 출신들이어서 군산 사람들은 해태 타이거즈를 군산 팀으로 생각해왔거든요." (방울방울)

그래서 쌍방울은 가는 곳마다 치이고 밟히고, 심지어 고향에서마저 터줏대감 해태 타이거즈에 밀리며 마음 붙일 곳을 찾지 못하던 팀이었지만 그저 '만년 꼴찌'라는 것만으로 동정을 사는 팀은 분명 아니었다. 그들은 해도 안 될 것이 뻔한 조건에서도 항상 박 터지게 달려드는 팀이었고, 그런 무모함과 당돌함에서 힘을 얻어야 했던 꽤 많은 소시민들로부터 조용한 응원을 받는 팀이기도 했다. 그래서 선발 9연패를 달리던 고졸신인 김원형이 '투수4관왕'을 밥 먹듯 하던 선동열을 맞상대해 완봉승을 따냈던 것과 같은 이변도 심심찮게 만들어내던 팀이었다.

"제가 실업계 출신이고, 뭐든 일이 잘 안 풀린다고 생각했어요. 그런데 쌍방울 레이더스를 보면서 동질감을 느꼈다고 할까, 평범하고 좀 못난 사람이 그래도 한 번 해보겠다고 기를 쓰고 노력하는 듯한 모습, 그런 걸 보면서 좋아하게 된 것 같습니다." (지식노점상)

연패를 각오하고 응원하는 사람들. 심지어는 연패하는 모습에서 매력을 느끼는 사람들. 어쩌면 그래서 그 팬들이 아직까지 살아남고 모일 수 있는 것이 아닐까.

"저는 쌍방울이 그렇게 지고 꼴찌하고 그랬어도, 야구를 보지 않겠다고 생각했던 적은 없었어요. 그리고 특별히 어느 팀이 라이벌이라고 생각한 적도 없고. 그냥 이기든 지든 지켜봤고, 바로 앞 순위 팀만 잡자는 소망으로 보고 그랬죠." (방울방울)

"하지만 또 항상 바로 앞 순위 팀이었던 태평양 돌핀스는 동병상련의 느낌 때문인지, 별로 미운 생각이 안 들었고…"(지식노점상)

"저 개인적으로는 해태 타이거즈를 경쟁 팀으로 생각하긴 했지만, 또 쌍방울 레이더스가 생기기 전까지 응원했던 팀이기도 하고 해서 …" (방울방울)

그 뿐만이 아니다. 1996년 플레이오프에서 2연승을 해놓고도 3연패를 당해 피눈물을 흘려야 했던 팀. 그리고 가장 어렵던 시절, 팀의 보물 박경완과 조규제를 빼간 데 이어 아직 계약도 하지 않은 신인 마일영을 냅다 채가며 눈물을 쏙 뺐던 야속한 팀 현대 유니콘스 역시 꼭 7년 뒤 쌍방울과 꼭 같이 새 주인도 찾지 못한 채 해체의 비운을 맞으며 연민의 대상으로 돌변했다. 그래서 결국 아무도 미워할 수 없는 사람들. 그들이 바로 쌍방울 레이더스의 팬들이기도 했다.

높이 날아야만 가질 수 있는 넓은 시야도 중요하지만, 가까이 내려앉아야 가질 수 있는 세밀한 마음도 소중하다는 것을 알려주는 이야기들. 그런 그들이 마지막으로 가지는 소망은 소박하다.

"일단은 야구박물관 같은 곳에 우리 쌍방울 레이더스의 흔적들을 모아서 전시할 수 있었으면 하는 것이 1차적인 바람입니다. 그래서 저희가 가지고 있는 선수들 유니폼이며, 당시 깃발이며, 또 사진이나 경기기록 같은 것들도 모으고 있는 중입니다. 어쨌든 10년 동안이나 1군 무대에서 뛰었던 팀이고 역사인데, 이렇게 그냥 방치되고 잊힌다는 것이 너무나 가슴이 아프거든요."

물론 '가능하기만 하다면, 쌍방울의 뒤를 잇는 팀이 만들어지면 좋겠지만'이라는 이야기가 허탈한 웃음과 함께 따라붙기도 했지만 말이다.

흘러간 것을 소홀히 하는 이들은 다가올 시간들 역시 치열하게 임하지 못한다. 그런 의미에서 쌍방울 레이더스를 기억하는 방식 역시 한국 프로야구의 현주소를 드러내는 한 가지 척도가 될 것이다.

굿바이 김성한, 그리고 선동열

1982년부터 1997년까지, 해태 타이거즈가 아홉 번 한국시리즈에 진출했던 그 15년 사이 삼성 라이온즈도 여섯 번, 1987년부터 뒤늦게 합류한 빙그레 이글스도 네 번 한국시리즈에 진출했다. 그러나 해태 타이거즈가 아홉 번 우승한 반면 삼성 라이온즈와 빙그레 이글스는 단 한 번도 우승을 경험하지 못했다. 그리고 그 중 각각 세 번씩의 패배는 해태 타이거즈에게 당한 것이었다. 그래서 연초마다 그 해의 시즌 판도를 내다보는 야구 전문가들의 전망은 비슷했다. '신인선발과 트레이드를 통해 전력을 훌쩍 끌어올린 이런저런 팀들의 선전이 기대된다. 그러나 해태 타이거즈라는 벽을 뛰어넘을 수 있을지는 미지수다.'

해태 타이거즈는 해마다 나타나고 사라지는 수많은 변수들 속의 상수였고, 예측을 불허하는 역동적인 무대의 절반을 차지하고 앉아 하품을 흘리고 있는 '뻔한 스토리'의 주인공이었다. 그런 점에서, 해태 타이거즈가 한 발 물러선 채 OB 베어스와 LG 트윈스, 그리고 롯데 자이언츠라는 '빅마켓팀'이 천하를 삼분한 1995년의 프로야구가 540만이라는 역대 최다관중을 야구장에 불러 모은 것도 그럴 만한 일이었다. 1994년과 1995년은 해태 타이거즈가 숨을 고르는 해였다.

LG 트윈스는 한국 프로야구 무대에 6년 만에 나타난 20승 투수인 에이스 이상훈과 1년 전 신인으로서 우승의 주역이 되었던 '2년차 3인방(유지현, 김재현, 서용빈)'을 내세워 시즌 내내 1위를 질주했고, 롯데 자이언츠는 15살 터울의 쌍두마차 에이스 윤학길과 주형광, 그리고 오랜만에 얻은 장거리포 마해영, 임수혁의 활약 속에 한국시리즈까지 뛰어오르는 봄날을 맞았다. 그러나 그 해 우승은 OB 베어스의 것이었다. 프로 원년 우승의 영광 이후 무려 13년간이나 중위권과 하위권을 방황했던 OB 베어스는 그 한 해 동안만 8번이나 완봉승을 기록한 슈퍼에이스 김상진과 서울연고팀 최초의 홈런왕 김상호, 그리고 다시 한 번 부활해 돌아온 원년 우승의 주역 불사조 박철순을 내세워 눈물겨운 정상탈환의 순간을 맛볼 수 있었던 것이다.

1995년, 이상훈과 김상진이 맞붙는 잠실의 서울 라이벌전은 경기가 시작된 뒤에도 암표마저 구하지 못해 배회하는 군중들로 지하철 잠실종합운동장 역 주변을 혼잡하게 만들 정도로 달아올랐다. 그리고 끈질기게 우승의 꿈을 향해 달라붙던 근성의 롯데 역시 사직구장을 밤마다 하얗게 완전연소 시키며 부흥기를 맞았다. 반면 모기업 해태가 그룹창설 50주년을 맞으며 '또 한 번의 우승'을 어느 때보다도 갈망했던 그 해, 하필 타이거즈는 10년 만에 포스트시즌에 결석하는 날벼락 같은 성적표를 받아들었다.

그 이유는 이렇다. 1년 전인 1994년, 몸과 마음에 동시에 병을 앓으며 2.73이라는 생애 최악의 평균자책점을 기록했던 선동열이 돌아와, 규정이닝에는 미달했지만 0.49라는 신비로운 평균자책점으로 뒷문을 단단히 걸어 잠그며 38세이브포인트를 기록한 것까지는 좋았다. 그리고 마운드의 서열 2위 조계현이 평균자책점 타이틀을 따내고 차세대 에이스 이대진이 방위복무를 겸하면서도 14승을 올리는 대활약으로 뒤따르면서 팀 평균자책점 1위를 이끌어낸 것까지도 훌륭했다. 그러나 공격의 오래된 기둥 김성한이 1할8푼에도 못 미치는 성적으로 무너진 한편 새로 들인 기둥 이종범마저 방위복무 때문에 시즌의 절반을 날린 데 이어, 이순철과 이호성 등의 중심타자들 역시 부상으로 줄줄이 나앉으며 속수무책이 되어버린 것이 문제였다. 야구가 아무리 투수놀음이라고는 해도, 막는 것만으로 이길 수는 없는 경기인 것이다.

그러나 이미 기대수준을 우승 아래로는 내릴 수 없는 해태 타이거즈의 팬들에게 구구한 변명 따위가 통할 리 없었다. 해태 타이거

해태 타이거즈 시절 김성한.
출처 : 해태 타이거즈 팬북

즈는 이제 배부른 맹수라 불렸고, 선수들은 처음으로 광주 홈 관중들의 야유 소리를 들으며 경기장을 빠져나가는 경험을 하기 시작했다. 1995년에 사정은 더 악화되었다. 시즌 중 자신이 이미 한계에 도달했음을 발견한 김성한이 결국 유니폼을 벗고 선수생활을 접었고, 무엇보다도 해태 타이거즈 전력의 절반 이상이라고 믿어져왔던 선동열이 이탈했기 때문이다.

시즌 후 일본에서 열린 한일 슈퍼게임*에 참가한 선동열은 오랜만에 전력투구하며 시속 150킬로미터대 중반의 강속구를 뿌려댔다. 그것은 일본야구라는 흥미로운 고지로의 등정이었고, 또한 일본이라는 새로운 무대를 향한 막연한 구애의 기회이기도 했기 때문이다. 91년 한일슈퍼게임 5차전에서, 발목부상에도 불구하고 선발로 나서는 간만의 투혼을 발휘한 선동열은, 당시 일본 타격 트리플

* 한국과 일본 프로야구 선발팀 간의 교류전이었다. 1991년, 한일수교 25주년과 한국프로야구 출범 10주년을 기념해 1회 대회가 시작되었고, 4년 간격으로 1995년과 1999년에 각각 2회, 3회 대회가 치러졌다. 1회 때는 2승 4패, 2회 때는 2승 2무 2패, 4차전까지만 치른 3회 때는 1승 1무 2패의 성적을 남겼다.

크라운에 빛나는 오치아이를 시작으로 5타자 연속 삼진을 잡아내는 괴력을 발휘했다. 82년 세계야구선수권대회 최종전에 이어 일본 프로야구가 십 년을 두고 선동열을 재발견하는 순간이었다.

선수와 구단에 각각 수십억의 돈을 안겨주겠다는 거액의 베팅들이 난무했고, 해외진출이 어렵다면 그만 옷을 벗겠다고 버티는 선동열도 골칫거리였다. 제 1회 세계청소년 선수권대회에서 MVP에 선정되며 메이저리그 스카우트들의 표적이 되었던 19살 시절부터 꾸어왔던 해외진출 꿈이고, 이제 30대 중반으로 접어들며 다음 기회를 기대하기 어려웠던 절박한 소망이었다. 그리고 이제 더 이상 한국야구가 그에게 어떠한 도전거리도 되지 못한다는 명백한 사실에 근거한 타당한 주장이기도 했다. 그리고 물론 이제 좀 더 큰 물에서 선동열의 가치를 확인하고 싶었던 야구팬들의 열망 또한 가볍게 생각할 수 없는 상황이었다.

박건배 해태 타이거즈 구단주는 '여론조사를 통해 국민의 뜻에 따르겠다'는 거창한 조건을 달면서도 한 발 물러섰고, 그동안 선동열의 수고에 보답하고 싶었던 해태 팬들, 그리고 제발 선동열을 뺀 상태에서 해태 타이거즈와 제대로 맞붙는 '공정한 게임'을 보고 싶었던 7개 구단 팬들이 80퍼센트 가까운 지지로 답하자 해외 진출은 급물살을 탔다. 결국 낙찰 받은 것은 일본의 주니치 드래건스였고, 계약금과 연봉을 합해 선수에게 3억 엔, 그리고 임대료로 구단에 다시 2년간 3억 엔을 안겨주기로 한 엄청난 조건이었다.

그러나 당장 1996년, '2년간이나 우승에 실패한 부진'을 씻고 우승이라는 기본 성적으로 돌아가려고 이를 악물던 해태 타이거즈는 공황에 빠져들었다. 선동열도 없이, 그리고 김성한도 없이, 그들이 치러야 하는 첫 시즌이었기 때문이다.

해태 타이거즈,
전설의 마지막 불꽃

삼미 슈퍼스타즈의 어린이 회원이었던 내가 눈물 없이 읽을 수 없었던 소설 《삼미 슈퍼스타즈의 마지막 팬클럽》에서, 소설가 박민규는 삼미 슈퍼스타즈의 야구를 이렇게 표현했다. '칠 수 없는 공은 치지 않고, 잡을 수 없는 공은 잡지 않는, 우아한 야구.'

어쨌거나 그 전복적인 성찰과 온기 가득한 애정에 박수를 보내면서도, 동시에 겹쳐 떠오르는 장면들은 이런 것이다. 형편없는 방망이질과 글러브질, 그리고 홈 관중들에게마저 감추지 못했던 그 당황스런 표정과 식은땀, 항상 팬보다도 한참이나 먼저 놓아버리곤 하던 승리에 대한 집착과 미련 그리고 열정.

삼미 슈퍼스타즈는 분명 형편없는 약팀이었다. 많이 져서가 아니라 맥없이 졌기 때문이다. 질 때마다 분해서 이를 갈며 다음을 기다리기보다는, 도대체 이놈의 경기는 언제나 끝이 나나 한숨 푹푹 쉬는 표정으로 무성의하게, 정말 역겹도록 무성의하게 배트를 휘두르고 글러브질을 해댔기 때문이다. 반대로 해태 타이거즈가 강팀인 것은 단지 많이 이겨서가 아니라, 지더라도 이긴 자의 입에서 단내 섞인 한숨이 훅 나오게 만드는 빳빳함 때문이었다.

김봉연은 1982년 봄, 부러진 다리를 압박붕대로 동여매고 나와 홈런을 때리며 기어이 홈런왕 타이틀을 가져갔고, 1983년 여름에는 교통사고를 당해 300바늘이 넘게 꿰맨 상처를 콧수염으로 가린 채 한 달 만에 경기장으로 돌아와 한국시리즈 MVP를 챙겨갔다.

이대진은 1995년 8월 31일 광주에서 1회 초에 이승엽에게 3점 홈런을 맞고도 오히려 갈수록 단단해진 투지로 9회까지 단 한 개의 안타만 허용하며 빛나는 완투패를 만들어냈고, 2000년에 쓰러진 뒤로 십여 년 째 거듭 무릎 꺾여가면서도 오뚝이처럼 일어나 되돌아오고 있다.*

송유석은 약이 오르면 타자의 등짝이라도 후려 패며 마운드를 버텨냈고, 김정수는 삼진 아니면 사사구라는 각오로 원맨쇼를 펼쳤으며, 조계현은 홈런 맞은 코스로 똑같은 공을 다시 던지며 타자의

* 2002년에 이대진은 타자전향 후, 7월 27일 LG전에서 구원투수 이상훈을 상대로 9타석 만에 첫 안타를 3타점 역전 3루타로 장식하여 팬들을 열광시키기도 했다.

간의 크기를 재곤 했다. 중견수를 보던 이순철은 상대편 선수의 거친 태클에 걸려 뒹구는 유격수 이종범에게 달려와 '당장 일어나라'고 호통을 쳤고, 1루수를 보던 김성한은 연습 때 후배 야수들의 송구가 건성건성 옆으로 흐르면 글러브를 접어버렸다.

그것이 삼미였고, 그것이 해태였다. 그래서 삼미가 싫었고, 해태가 더욱 싫었으며, 삼미가 불쌍했고, 그걸 응원하겠다고 경기장까지 찾아 다니는 내가 더더욱 불쌍했다.

1996년 봄, 새로이 팀의 정신적 지주로 자리 잡은 이순철은 후배 선수들을 모아놓고 비장하게 일갈을 던졌다.

> "올 해는 선동열도 없고, 김성한도 없다. 그렇지만 올 해 우승을 못하면, 그동안 일곱 번 우승했던 게 다 선동열과 김성한 때문인 것이 되고, 그동안 우리는 아무 것도 한 게 없는 허깨비가 되는 거다."

한국 프로야구사를 통째로 열어놓고 찾더라도 선동열과 김성한의 공백을 고스란히 메울 수 있는 투수와 타자는 존재하지 않는다. 따라서 그 둘이 빠진 해태 타이거즈가 또다시 우승을 할 수 있을 거라고 믿는 사람은 거의 없었다. 결의는 결의고 전력은 전력이 아니던가.

그러나 달리 보면 구슬이 서 말이라도 꿰어야 보배이듯, 한 팀의 전력이란 얼마나 훌륭한 선수를 가지고 있느냐보다 가진 선수들의 능력을 얼마나 최대한 끌어올리고 한데 엮어내느냐로 결정되는 것이기도 하다. 선동열과 김성한이 빠지고도 해태 타이거즈는 꽤 괜찮은 선수들을 많이 가지고 있었고, 그 선수들을 엮어낼 수 있는 독보적인 문화와 리더십이 깊이 배어 있었다.

선동열의 보직이었던 마무리 투수 역할을 대신한 것은 '가을까치'라 불렸던 강심장의 좌완 강속구투수 김정수였고, 언제나 선동열의 한 발 뒤에서 달려왔던 조계현 역시 16승으로 자기 몫을 했다. 데뷔했던 89년부터 98년까지 10년 동안 한 해도 거르지 않고 꼬박꼬박 두 자릿수 승리를 만들어내는 또 하나의 전설을 쓴 이강철도 있었다.

그러나 역시 선동열이 빠진 마운드에서 가장 돋보이는 활약을 해준 것은 이대진이었다. 1993년 데뷔 첫 해 10승을 기록했고 95년에는 탈삼진왕에 오르며 에이스의 반열에 오른 그였지만 절정기는 96년과 97년이었다. 그는 그 두 시즌에 16승과 17승을 각각 기록했고, 또한 1998년에는 현대 유니콘스 전에서 10타자 연속삼진의 대기록과 투수부문 골든글러브의 영예를 각각 경험했다.

특히 그는 강한 상대와 맞섰을 때 더욱 강해지는 모습으로 팬들에게 묘한 쾌감을 선사하는 선수였다. 사실 에이스라 불릴 만한 투수가 한둘이 아니었던 팀 해태 타이거즈의 젊은 투수였던 탓에 종종 상대팀 에이스와 맞붙어야 하는 순번의 로테이션을 돌면서도 그는 대개 승리를 엮어냈고, 결국 다른 팀의 입장에서 해태 타이거즈는 '에이스를 동원해도 이길 수 없는 팀'이 되어버렸다. 말하자면 그는, 무적 해태 타이거즈의 이미지를 확실하게 다진 주역이기도 했던 것이다. 그래서 선동열의 막강한 존재감 때문에 두 번이나 다승왕에 올랐던 조계현에게 마저 '해태 타이거즈의 에이스'라는 칭호가 부자연스럽게 느껴지던 그 시절, 이대진에게 붙여진 별명은 그냥 에이스도 아닌 '에이스 오브 에이스'였다.

타선에는 이미 데뷔 첫 해 한국시리즈 MVP에 올랐고, 2년차였던 94년에는 원년 백인천 이후 최고의 타율(0.393)과 역대 최다도루기록(84도루)을 만들며 센세이션을 일으켜 한국야구에서 한 차원 높은 곳에 존재하는 선수로 인정받았던 이종범이 있었다. 그는 특히 96년과 97년 두 해 동안 60개 안팎의 도루로 도루왕 타이틀을 휩쓸면서도 무려 25개와 30개의 홈런을 날리며 홈런왕 이승엽의 가장 강력한 경쟁자로 행세하는 신기를 선보여 김성한의 흔적을 의외로 빠르게 지워내고 말았다.

그러나 그만큼 빛나지는 않았더라도 1년 선배 이종범과 밖으로 드러나지 않는 경쟁을 벌이며 수준급 수비실력에 더해 97년 20홈런-20도루의 다재다능함을 과시했던 내야수 홍현우가 있었고, 비록 일관된 멘도사 라인*의 길을 걸었지만 국내 최고 수준의 2루 수비능력을 보여준 김종국이 있었다. 그리고 해태의 전통적인 왼손타자 가뭄을 해소하며 두 해 연속 지명타자 부문 골든글러브를 수

상한 박재용과 이적생 동봉철 등의 뒷받침이 없었다면 이종범 역시 고립되고 고갈되었을 것이다. 거기에 더해 일곱 번의 우승으로 체질화된 자신감, 그리고 선동열과 김성한이 없기에 더더욱 우승해야만 한다는 단단한 각오가 팀워크로 뭉쳐지면서 해태 타이거즈는 정말 강한 팀이 될 수 있었다.

현대 유니콘스와 펼친 한국시리즈. 현대 투수 정명원에게 한국시리즈 역사상 첫 노히트노런 패배라는 수모를 당하며 2승2패 동률을 허용해 분위기를 빼앗겼지만 무슨 일이 있었느냐는 듯 5차전과 6차전을 휩쓸었던 1996년 한국시리즈는 해태 타이거즈라는 팀이 가진 마력을 증명하는 한 판이었다. 그리고 역시 LG 트윈스에게 10대 1이라는 기록적인 대패를 당하며 1승1패로 쫓기고도 3, 4, 5차전을 내리 쓸어 담아 조기에 시리즈를 마무리한 1997년은 해태 타이거즈라는 이름 앞에서 반사적으로 절망감을 느끼게끔 했던 순간이었다.

그래서 1996년과 1997년 두 해, 해태 타이거즈는 거짓말처럼 연속우승에 성공했고, 해태왕조 신화의 주역을 선동열과 김성한에서, '해태 타이거즈'라는 집단으로 바꾸어놓을 수 있었다. 그리고 아래위로 검은 색과 빨간 색을 맞추어 입었던 해태 타이거즈의 이른

* 타격랭킹 최하위권. 즉, 규정타석을 채운 선수들 중 타율이 가장 낮은 선수를 가리킨다.

바 '검빨 유니폼'이 상대 팀 선수들에게 공포심을 각인시켜놓은 것 역시 그 무렵이었다. 이제 선동열과 김성한 없이도 압도적인 에너지의 차이를 증명하며 연속 우승을 할 수 있는 팀이라는 것이 증명된 이상, 앞으로도 해태 타이거즈의 시대는 쉽게 저물지 않을 것이라는 전망 앞에 한국의 모든 야구 전문가와 팬들이 고개를 끄덕여야 했던 것이, 그래서 바로 1997년의 가을 무렵이었다.

위) 해태 타이거즈 시절 이대진 선수의 투구 모습. 현대를 상대로 10타자 연속 삼진을 잡아내고 있다.
아래) 1997년 해태 타이거즈의 9번 째 한국시리즈 우승의 마지막 순간에 김상진 투수가 있었다. 우승 확정 후 환호하는 모습.
출처 : 해태 타이거즈 팬북

선동열이 존경받아야 할 진짜 이유

1996년, 남벌*을 떠났던 국보급 투수 선동열이 일본열도에서 좌초한다. 그 해 주니치 드래건스의 마무리 투수로 나서 그가 거둔 성적은 단 3개의 세이브와 5.50의 평균자책점이었다. 그 해 그가 단 54이닝을 던지며 허용한 33개의 자책점은, 한국에서 262이닝을 던졌던 86년에 허용한 자책점보다도 많은 것이었다. 그래서 그는 시즌 중 '2군'이라는, 일본보다도 낯선 공간에 몸을 담아야 했다.

한국의 야구팬들은 충격에 빠졌다. 해태 시절의 팬들 뿐 아니라

* 南伐, 남쪽 오랑캐를 정벌하다. 국보급 투수 선동열의 일본 프로무대 진출을, 당시 언론들은 흔히 이렇게 표현했다.

그를 죽도록 미워했던 다른 팀의 팬들에게도 그것은 받아들이기 어려운 낭패였다. 무려 십년 넘게 자신의 영웅들을 무참히 짓밟아왔던 선동열 정도라면 일본무대에서 최고가 되지는 못하더라도 그렇게 무너질 수 없는 것이었다. 전문가들도 입을 모아 '메이저리그로 가더라도 당장 10승 이상을 할 수 있는 투수'로 인정하던 선동열이 아니던가. 그러나 그는 매 경기 난타당해 국내에서는 한 번도 볼 수 없었던 풀죽고 불안한 표정으로 공을 넘기고 마운드를 내려가는 모습을 되풀이했다.

물론 일본 야구의 수준이 한국보다 높다는 점은 분명했다. 그러나 그 수준차가 한국의 '국보' 선동열조차 2군 쯤에 줄을 세울 만큼 대단한 것은 또한 아니었다. 오히려 그것은 지레 '선동열'이라는 이름 앞에 미리 무릎 꿇던 한국 타자들과 상대하며 수년간 무뎌진 칼날로 갑작스레 냉정한 전장에 나서면서 느껴야 했던 당혹감이었으며, 목표를 잃은 포만감 속에서 잃어버린 전투본능과 전투태세의 증거였다.

선동열이라는 이름은, 한국 프로야구사 속에 누구도 넘볼 수 없이 높이 솟아오른 아성이다. 그 공의 빠르기와 묵직함, 변화구 각의 날카로움은 굳이 미사여구로 떠올리지 않더라도 기록이 말해준다. 그는 11년간 통산 146승과 132세이브를 기록했고, 투수와 관련된 거의 모든 부문에서 통산 1위에 오른 채 한국생활을 마무리했다. 물론 그 뒤로 송진우를 비롯한 몇몇 후배들이 다승과 탈삼진 등에서 선동열의 통산기록을 넘어서고 있지만, 앞으로도 한동안은 깨지기 어려운 기록들 역시 수없이 남아있다. 통산 29번의 완봉승 기록이 그렇고, 무려 세 번이나 규정이닝을 채우면서 0점대 평균자책점을 기록하는 등 7년 연속 평균자책점 1위에 올랐던 업적이 그러하며, 1.20이라는 눈부신 통산 평균자책점이 그렇다. 물론 피안타율, 피홈런율 같은 자잘한 부분까지 들여다보면 한도 끝도 없다.

그러나 '영원한 강자는 없다'는 말이 진리인 이유는 역사에 다시 없을 월등한 재능과 기량을 가진 자라 하더라도 '자만', 그리고 그보다도 더 두려운 '무료함'마저 이겨내지 못하기 때문이다. 선동열의 질주는 거침 없고 끝이 없었지만, 그렇게 십여 년간 이어진 독주는 달리는 이에게나 쫓는 이에게나 무료한 것이었다. 평균자책점이라는 영역에서 이미 전무후무할 철옹성을 쌓아놓은 데다가 김시진과 최동원이라는 선배가 지키고 있던 통산 최다승과 통산 최다탈삼진의 고지마저 함락시켜버리고 우승마저 배가 부를 지경으로 포식한 선동열은 무기력증에 빠져버리고 말았다. 선동열의 호투는 뉴스가 아닌 일상이 되어버렸고, 그는 난조를 통해서만 뉴스를 생산하고 대중의 관심을 끌 수 있는 선수였다. 이 땅에서 그가 탐 낼만 한 목표는 이제 아무 것도 남아 있지 않았다.

상대 타자와 구단들은 더 이상 선동열 공략법을 찾기보다는, 선동열과의 대결을 포기하고 피해가는 걸로 가닥을 잡기 시작했다. 어차피 투수 한 명이 모든 경기를 던질 수는 없는 것이기에 그저 선동열이 마운드를 비운 사이 최선을 다해 승부를 결정짓는 데 전념했다. 더 이상 누구도 선동열의 공을 노리지 않았다.

선동열도 굳이 새로운 구질을 개발할 필요도 없었고, 또 굳이 인심 잃어가며 타자의 몸으로 공을 바짝 붙일 필요도 없었다. 그저 마음 편하게 던져보다가 혹시나 싶을 때 공 몇 개만 집중해서 던져 삼진 한두 개를 솎아내면 간만에 의욕을 부리던 상대들도 고개를 꺾곤 했다. 승부에 영향이 없겠다 싶은 상황이면 타석에 들어선 대학 선후배들에게 밋밋한 직구를 던져 안타를 선심 썼던 것도 그 시절이었고, 경기 당일 해가 뜰 때까지 퍼마신 술이 깨기도 전 비틀거리며 마운드에 올라 완봉승을 거두며 상대 타선에 몇 갑절의 모욕감을 선사하는 만행을 저질렀던 것도 그 시절이었다.

물론 91년 한일슈퍼게임 5차전에서 발목부상에도 불구하고 선발로 나서는 간만의 투혼을 발휘하여 당시 일본 타격 트리플크라운에 빛나는 오치아이를 시작으로 5타자 연속 삼진을 잡아내는 검증을 이미 오랜 전에 마치기도 했었다.

그런 선동열에게 1996년의 재앙에 가까운 실패는 처음 겪는 좌절이었고, 그에게 남은 길은 두 갈래였다. 첫 시련 앞에 무너져 내린 '최강의 미숙아'가 될 것인가, 다시 한 번 한계를 뛰어넘어 '최강의 전설'로 남을 것인가.

96년 시즌이 끝난 뒤 선동열은 한 차례 독한 심정으로 짐을 쌌고, 다시 그보다 더 독한 마음으로 짐을 풀었다. 그리고 그의 삶과 한국 야구사에서 기억될 만한 가치 있는 도전을 감행했다. 스프링 캠프에서는 해태 시절의 10배 가까운 3,000개의 공을 던졌고, 휴가기간도 루키군 투수코치를 붙들고 늘어져 개인훈련으로 채웠다. 허리둘레가 줄었고, 투구폼이 바뀌었으며, 눈빛과 표정이 달라졌다. 그는 그 시간동안 배부른 맹수에서 시퍼런 눈빛의 야수로 거듭난 것이다.

1997년 4월 4일. 주니치 드래건스는 요코하마와의 나고야 홈 개막전에서 3대 2로 앞서나가다 9회초 투아웃 3루 상황에 몰리자 선동열을 마운드에 올렸다. 그의 표정은 굳어 있었다. 그를 십수년간 응원해오던 팬들 역시 간만에 긴장하고 있었다. 초구 스트라이크. 팬들은 주먹을 불끈 쥐었다. 그러나 그가 몸 쪽을 붙인다고 던진 두 번째 직구가 포수 미트를 스치며 뒤쪽으로 빠져나갔고, 3루 주자가 홈으로 달려들었다. 동시에 마스크를 집어던진 포수가 뒤쪽으로 달려 나가고, 선동열이 홈으로 뛰어들었다. 이미 3루 주자의 발은 홈베이스에 닿은 다음, 안타까운 마음으로 뒤늦게 태그한 글러브를 들어 올리며 주심을 바라보는 선동열. 아, 그 이전에는 한 번도 보지 못했던 선동열의

주니치 드래건스 시절 투구하는 선동열 선수.
출처 : 주니치 드래건스

얼어붙은 표정. 친절한 일본 중계화면의 느린 반복화면이 아니더라도 분명한 득점이었다. 그러나 무엇에 씌었던지, 아니면 평생 처음 일지도 모를 선동열의 갈구하는 표정이 환각을 일으켰던지 주심은 우렁찬 목소리로 아웃사인을 내렸고, 경기는 그대로 끝나버리고 말았다.

그 해 그렇게 불안하게 출발했던 그는 39세이브포인트와 1.28의 평균자책점, 그리고 시즌 내내 홈런을 단 한 개도 내주지 않는 '원래의 선동열'로 돌아올 수 있었다. 오심으로 줍다시피 했던 그 첫 세이브가 행운을 불러왔는지도 모르겠다. 그리고 이듬해인 98년도 32세이브포인트와 1.48의 평균자책점. 서른일곱에 접어들었던 그의 마지막 해 99년에는 조금 주춤하면서도 29세이브포인트와 2.61의 평균자책점. 그리고 팀의 우승. 해마다 '일단 앞선 경기는 그대로 끝내주는' 선동열은 일본인들에 의해 한국 시절 가졌던 별명 '무등산 폭격기'보다도 더 호들갑스런 '나고야의 태양'으로 추켜세워졌다.

내친 김에 달리는 것은 쉽다. 그러나 멈추어 섰다가 다시 달리는 것은 쉽지 않다. 더구나 정상에 오르는 것이 어려운 만큼 밀려난 정상으로 되돌아가는 것은 대개의 경우 불가능할 만큼 힘든 일이다. 따라서 선동열의 투수인생에서 위대했던 순간이 있다면, 그의 모든 찬란한 기록들이 수립되던 순간 앞에 96년과 97년 사이의 시간들이 놓여야 옳다.

그는 오기의 투혼으로 자신의 자존심을 살렸으며, 그 뒤로 수십 년간 후배들에게 부딪쳐 대결할 만한 목표를 제시해주었다. 결국 재기에 성공함으로써 그가 앞서 쌓아올린 업적들은 거미줄 가득한 허탈한 옛 고지가 아니라, 기꺼이 바라보며 딛고 올라설 단단한 벽이자 디딤돌이 되었기 때문이다.

세상 어느 구석에 야구 하나만큼은 기가 막히게 했던 선수가 하나 있었음이 무엇 그리 큰 일이랴 싶을 수도 있다. 대개의 경우 야구공 한 번 만져볼 일 없이 살아가며, 야구장에서 밥도 떡도 나오지 않는 것은 분명하기 때문이다. 그러나 그래도 내 생각에 선동열쯤 되는 신화를 가진 한국야구와 야구팬들은 운이 좋다. 그 이름이 그저 재능과 능력, 그래서 입이 떡 벌어질 강력함만이 아니라 잔인한 좌절 앞에서 끝내 고개 숙이지 않고 가져야 할 자세, 그리고 투지와 희망까지 새겨주기 때문이다.

1997년과 1998년 사이 흐르던 운명의 강

1997년 11월 중순 무렵부터 TV 방송국 아나운서들은 한국은행 외환금고를 재현한 가상 스튜디오 안에서 뉴스를 진행하기 시작했다. 마치 선거 개표방송에서 한 손에 쥔 버튼을 누르고 허공에 손가락을 가리킬 때마다 화면에 산더미처럼 쌓여 있던 달러가 순식간에 '쪼르륵' 소리를 내며 사라졌다. 그리고 1주일 후쯤을 예상하는 점선 안에서는 물음표가 요란한 차임벨 소리에 맞추어 몸을 흔들며 '마이너스'의 영역을 표현하곤 했다. 외환위기. 한국은행 금고에 달러화가, 더 이상 남아 있지 않을 뿐만 아니라 며칠 후면 갚아야만 부도를 면할 수 있는 급한 빚마저 갚을 여력 없음을 표현하고 있었던 것이다.

1993년 봄, 1961년 5.16 쿠데타로 박정희가 집권한 이래 30여

년 만에 처음으로 군인출신이 아닌 김영삼이 대통령이 된 뒤, 우리나라에는 이상스럽게도 좋은 소식만 날아드는 듯했다. 하나회 해체니 금융실명제 단행이니 하는 뉴스들이 개혁이라는 제목을 달고 정신없이 줄을 이었고, 광주 시민들의 피를 딛고 권력을 잡았던 전직 대통령 둘이 나란히 죄수복을 입고 재판정에 서서 사형선고를 받았다. 그 시절 그 모습을 지켜보며 누구나 정말 정의는 이기는구나, 혹은 어느 분 말씀대로 정말 닭의 목을 비틀어도 새벽은 오는구나, 고개를 끄덕이기도 했다.

그리고 꾸준한 호경기는 우리나라가 더 이상 채무국이 아니라 채권국이 되었다는 소식과 선진국들의 사교클럽이라는 OECD의 회원국이 되었다는 소식을 불러왔다. '6시 내 고향'과 그 수많은 아류 프로그램들 대신 TV 방송의 초저녁 시간을 해외여행 정보 프로그램이 대체하기 시작했다. 그리고 식량안보를 지키기 위해 제조와 판매가 금지되었던 쌀 막걸리가 '해금'된 지 불과 몇 해 지나지 않아 주류 판매대를 와인과 위스키들이 점령해가기 시작했다. 고작 살아온 스무 몇 해의 넓이와 깊이만큼만 세상을 알 수 있었던 나 역시 세상이 무난하게 굴러가고 있다고 생각하고 있었다.

그러나 그 김영삼에게 대통령으로서 주어진 마지막 해의 겨울이 막 시작될 무렵, 평범한 사람들의 눈에 띄지 않는 곳에서만 덜그럭거리던 모든 심층적이며 구조적인 문제들이 땅거죽을 뚫고 나와 왕왕거리기 시작했고, 쌓아올린 탑이 무너지는 것은 한 순간이었다. 알고 보니 그동안 실질적으로 대통령 노릇을 해온 것은 김영삼이 아니라 그의 둘째 아들이라는 기괴한 작자였으며, 정작 대통령은 자신이 밀어붙인 정책의 내용에 대해서도 제대로 아는 것이 없었음이 밝혀졌다. 그리고 일본이니 홍콩이니 다니면서 쇼핑을 해오면 오히려 비행기표 값 이상의 차익을 얻을 수 있게끔 만들어주었던 만만한 환율이라는 것도 '국민소득 1만 달러'라는 업적을 지키기 위해 달러화 내다 팔며 간신히 지켜오던 것이었음이 속속 밝혀졌던 것이다.

외환보유고는 마개 빠진 배수구로 물 빠져나가는 것처럼 콸콸 소리를 내며 줄어들어갔고, 환율은 주유소 눈금 올라가듯 가파르게 뛰어올랐다. 그리고 결국 1997년 11월 21일, IMF에 구제금융을 요청했다는 경제부총리의 기자회견이 TV를 통해 방송되었다. 한쪽에서는 경제망국을 이야기하며 '시일야방성대곡'을 풀어놓았고, 다른 한 편에서는 국가부도를 막은 것만으로도 다행이라며 등을 토닥였다. 불과 며칠 사이, 초등학생부터 팔순 노인까지, 한국인들은 신용등급, IMF, IBRD, 모라토리움 따위 전문경제용어들을 학습했고 그렇게 무너져 내린 국가경제의 눈으로 세상을 다시 읽기 시작했다.

취임 초기 94퍼센트까지 치솟았던 대통령 지지도(1993. 7. 리서치 앤 리서치)는 '한국경제는 펀더멘털이 튼튼하며 아무런 문제가 없다'는 정부의 보장과 달리 서서히 경제에 검은 그림자가 드리워지기 시작하던 97년 5월 8.7퍼센트까지(1997. 5. 한겨레신문) 떨어졌으며 IMF사태가 본격화된 11월 이후로는 더 이상의 설문이 무의미할 지경에 이르게 되었다. 그저 어디까지 가나 보자는 듯 그악스럽게 설문지를 돌려댔던 몇몇 단체들이 3.8퍼센트, 2.2퍼센트 같은 수치들을 전하기도 했지만 말이다.

이미 두 배를 넘어 세배 가까이 치솟은 환율과 경제 군정청이나 다름없는 IMF의 고금리정책 덕에 기름 값은 하늘 높은 줄 모르고 치솟았고, 줄줄이 온갖 물가들이 끈 떨어진 연 날듯 공중으로 난무했다. 눈덩이처럼 불어나는 빚에 깔려버린 사람들은 서울역 앞 무료급식 트럭 앞으로 장사진을 쳤고, 이름만 들어도 참 거창한 느낌을 주던 굴지의 기업들이 도미노처럼 무너져갔다.

92년에 대학에 입학한 나는 휴학 없이 꼬박 4년 만에 졸업을 하고 96년에는 대학원으로 진학했었다. 병역면제라는 축복이 있었던 것은 아니고, 물론 그 무렵엔 이미 '김소위'고 나발이고 군대에 대한 환상은커녕 할 수만 있다면 피해가고 싶다는 생각으로 가득하긴 했지만 딱히 어떻게든 미뤄서 무슨 수라도 내보겠다는 계획이 있는 것도 아니었다. 단지 '폐 기흉'이라는 고약한 병이 들어붙어 있었기 때문이다. 허파꽈리가 무시로 찢어지면서 공기가 새어나와 횡경막에 고인 채 다른 장기들을 눌러대는 병. 그래서 흔히 '허파에 바람 든다'고 부르기도 하지만, 정작 앓고 보면 실실 웃음이 나는 대신 숨도 제대로 쉬지 못할 만큼 고통스러운 악질. 그 병 때문에 진단서

떼서 면제를 받기에는 좀 모자라고, 그대로 들어가 무리한 훈련을 견뎌낼 자신은 없는 어정쩡한 상황에 몰려 있었기 때문이다. 참고로 당시 의사의 진단은 이런 것이었다.

"증세가 경미하니까 당장 수술은 안 해도 될 것 같습니다만… 이 병이 재발률이 한 40퍼센트쯤 되니까 훈련을 감당하긴 어려울 것 같고… 그렇다고 군 입대 면제사유는 안 될 것 같고…, 이 병을 확실히 고치는 방법은 살을 찌우는 겁니다. 보통 바짝 마른 사람들한테 많이 나타나는 증상인데, 나이 좀 먹고 살집이 붙으면 자연스럽게 없어지거든요."

170센티미터 좀 넘어가는 웬만한 남자 키에 몸무게가 54킬로그램 이쪽저쪽으로 오가던 시절이었다. 그래서 살을 찌워 확실히 완치도 할 겸, 그 무렵 스스로 하고 싶은 줄로 착각했던 공부도 좀 해볼 겸 막연히 군대를 미뤄대고 있던 참이었다.

그런데 아주 건강하고 정상적인 삶의 궤적을 밟아갔던 내 멀쩡한 동기들은 대학 2학년을 마치기 전까지 대부분 군대에 들어갔고, 다시 2년이나 3년 뒤 복학해 3, 4학년을 마친 뒤 1998년 혹은 1999년 졸업해야 했다. 물론 입대 날짜 조절하고 제대 전에 미리 복학신청 해놓으면서 부지런 떨던 녀석들의 졸업이 98년에 걸렸고, 좀 대충대충 되는대로 다니다가 두어 달이라도 공백이 생기면 여행도 다니고 하던 녀석들이 99년에 걸렸다. 병역이 면제되었거나 6개월 혹은 18개월 방위로 때운 녀석들은 96년이나 97년에 사회로 나서기도 했는데, 그 97년과 98년 사이에 운명의 강이 흐르고 있었다.

그 한 해 사이 20대 실업자 수는 두 배가 넘게 늘어났고, 하나 둘 입사시험 낙방, 혹은 그보다 더 잔인한 합격 취소통보나 바로 며칠 전 합격통보를 보냈던 회사가 졸지에 파산했다는 뉴스를 들으며 무릎이 꺾인 동기들은 내 몇 푼 안 되는 조교 월급날을 노리고 소주 한 잔을 청하곤 했다.

그 아수라장에서 대통령선거는 치러졌고, 한나라당이 'IMF망국'의 책임을 떠안고 자폭한 덕에 정계은퇴 약속을 뒤집고 나서 '준비된 대통령'을 자처한 4수 도전의 김대중이 드디어 당선되었다. 그러나 30여 년간 분패만 되풀이해온 그가 끝내 겨울을 이겨내고 맞이한 '첫 승'의 그 순간에마저 기뻐 웃을 수 없게 했던 그 시절, 구조조정이니, 빅딜이니 하는 전문용어들로 다시 국민경제학습이 시작되었고, 고개 돌리면 눈에 밟히는 퇴직, 퇴출, 도산, 파산, 가출, 노숙. 그 온갖 살풍경들을 경제학자들은 일거에 반 토막이 나버린 국민소득 따위의 무표정한 숫자로 표현했지만, 그 시절을 겪은 사람들에게는 불안과 공포, 눈물과 분노의 느낌으로 새겨진 피부와 신경의 기억으로 남아 있다.

지역주의의 벽을 끝내 넘지 못하고

96년과 97년, 해태 타이거즈는 선동열과 김성한이 없이도 2년 연속 우승을 일궈냈고, 선동열도 일본에서 불가능할 것 같았던 재기에 성공했다. 그러나 여전히 김대중은 가능성이 높아 보이지 않는 도전을 계속하고 있었다. 정계은퇴선언을 뒤집고 1995년에 마지막이라는 심정으로 다시 정치무대로 등장했지만, 영남패권질서는 여전했고 대권의 꿈도 너무 높아 보였다. 야구장의 해태 타이거즈처럼, 정치판의 김대중도 과연 객관적 전력의 열세를 뒤집고 단 한 번의 승리를 얻어낼 수 있을 것인지, 사람들은 고개를 절레절레 흔들면서도 숨죽이고 지켜보았다.

남자 중심의 한국 사회에서 여자가 겪는 차별은 단지 입사시험에서 점수 몇 점을 깎이거나 월급에서 얼마를 적게 받는 식의 단순한 것이 아니다. 무능하면 '역시 여자라서'라는 소리를 듣게 되고 유능하면 '여자가, 독하게시리'라는 소리를 듣게 되는, 그래서 그저 남자에게 순종하고 남자를 떠받들며 등 뒤에서, 소리 나지 않게 덕과 은근과 끈기로써 떠받쳐 올리는 것만을 업으로 삼을 수밖에 없게 만드는 보이지 않는 족쇄가 바로 그것이다.

호남 사람들이 한국사회에서 겪어온 차별 역시 그것과 크게 다르지 않다(아니, 어쩌면 사회적 차별이라는 것이 대개는 그런 식이다). 가난하고 무능하면 '호남 사람들이 원래 좀 천하고 떨어진다'는 소리를 듣게 되고, 부유하고 유능하면 '독하게, 치사하게 남의 등 밟고 올라가는 게 호남기질'이라며 야유 받는 식이었다. 더구나 그 유능한 호남 사람이 하필, 나와 경쟁관계에 있다면 문제는 좀 더 심각해졌다. 그저 '전라도 깽깽이' 같은 야유에 그치지 않고 거짓말쟁이, 사기꾼, 심지어 빨갱이, 간첩 등등으로까지 번져가곤 했던 것이다.

그래서 호남에서 태어난 사람이 욕먹지 않고 사는 유일한 길은 '패배자로서의 안분지족' 정도였다고도 할 수 있다. 그저 짓밟히고 무시당하면서도 소리 없이, 불만 없이, 21세기를 향해 뻗어 나가는 선진조국의 아름다운 원경(遠景)으로서 푸근한 고향으로만 머무는 것. 도전이나 개척 따위는 꿈도 꾸지 말고, 무언가를 욕망하지도 말고, 그저 만사에 만족하고 감사하며 사는 것.

그 호남의 지지를 딛고 전국적인 인물로 떠오른 김대중이 살면서 얼마나 그런 설움을 절감했는지는 알 수 없다. 그러나 그 역시 지역의 지지만으로 달 수 있는 국회의원 배지를 넘어, 전국적 지지를 통해서만 얻을 수 있는 대권을 꿈꾸면서부터는 분명히 그 벽을 마주할 수밖에 없었다. 동시대 정치인들 중 누구보다도 분명 월등했던 그의 명민함과 냉철함은 뱀 같은 냉혹함으로 치부되었고, 정열적인 민주화투쟁은 집요한 권력욕으로, 심지어는 뻔뻔스런 간첩활동으로 둔갑되었다. 골목마다 나붙은 선거 포스터 속 김대중의 눈동자는 흔히 칼끝으로 하얗게 긁혀졌고 머리 위에는 뿔이 그려졌으며, 그 위로 '빨갱이', '간첩새끼' 같은 붉은 페인트 글씨가 칠해지곤 했다.

김대중이 그런 잔인한 편견의 벽과 정면으로 맞서 싸우기를 포기한 것은, 그래서 그저 슬쩍 돌아서 가기로 마음먹은 것은 아마도 1992년 대통령 선거를 치른 뒤부터가 아니었나 싶다. 그 해의 패배는 그만큼 그에게 뼈아프고 또 충격적인 것이었기 때문이다.

평생 한 수 아래로 생각해온 김영삼 말고는 이렇다 할 적수가 없던, 그래서 이길 수 있고 꼭 이겨야만 한다고 생각했을 그 세 번째 도전에서 김대중은 그야말로 간도 쓸개도 모두 빼놓고 한 번 독하게 뛰기로 했던 듯하다. 이전까지 분명하고, 확고하고, 자신감 있게 돌진하는 자기확신의 상징이었던 그가 부드럽고, 유연하고, 친절한 서비스정신과 미소로 승부를 보려고 했던 걸 생각하면 말이다.

김대중은 평생 입어온 두루마기를 벗고 갈아입은 우아한 양복 앞주머니엔 빨간 손수건을 꽂았다. 그리고 얼굴에는 결연한 눈빛

대신 경련이 일어날 정도로 영 어색한 쑥스러운 미소를 심었고, 말할 때마다 대쪽을 자르는 듯 허공을 내리쳐대던 날카로운 손날도 다소곳이 포개어 무릎 위에 정돈해두었다. 이제 민족과 민중과 민주주의라는 투사의 언어는 비려졌고, '나도 알고 보면 부드러운 남자'라는 민망한 멘트가 슬금슬금 흘러나왔다. '뉴 DJ 프로젝트'라고 이름 붙여진 회심의 전략이었다. 그리고 그는 선거기간 내내 거의 호남지역에서 유세다운 유세를 벌이지 않았고, 대부분의 시간을 영남과 수도권에서 보냈다. 호남의 열광적인 지지를 확인하는 것보다 영남을 자극하지 않는 것이 득표에 더 도움이 된다고 생각하게 되었기 때문이다. 그리고 '호남'과 '반독재'라는 집토끼 단속에 자신이 섰던 만큼, 이제 '영남'과 '보수'성향의 유권자들에게 이제 그만 마음을 열어 한 번만 자신을 허락해달라고 읍소를 하기로 마음먹었던 것이다.

그러나 선거에서 표를 얻으려면 '덜 미움을 받는' 것만으로는 부족한 것이며 '가장 사랑 받지' 못할 바에야 어차피 마찬가지라는 점을 미처 챙기지 못한 것이 문제였다. 더구나 미운 사람이 떠는 애교가 더 징그러운 법이 아니던가. 92년 대통령 선거 운동 기간 내내 김대중은 영남 지역 어디에서도 돌을 맞지 않았고, 암살 위협을 받지도 않았다. 빨갱이 물러가라는 야유도 확실히 이전보다는 줄어들었다. 그러나 막상 투표함을 열자 드러난 결과는 실망스러운 것이었다. 영남 사람들의 70퍼센트는 김영삼을, 그리고 나머지는 차라리 정주영에게 표를 던졌고, 김대중이 얻은 10퍼센트 안팎의 표는 경상도에 사는 전라도 사람들의 숫자와 별로 다르지 않은 수치였다. 현실은 코웃음 치며 김대중을 멀찍이 떨쳐놓고는 비웃었다. '뉴 DJ 플랜'은 파격이었고 용감한 자기혁신 전략이었지만, 실질적으로 그에게 아무런 성과도 가져다주지 못했다.

서태지의 은퇴, 김대중의 컴백

어제 나는 은퇴했었지
수많은 사람들이 모인 자리에서
난 눈물 흘렸었지
… (중략)

멋진 말들로 연설을 했었지
젖은 눈으로 기다림을 약속하면서
슬픈 연극은 끝났어 나를 보내야만 해
너희들의 슬픔이면 나에겐 힘이 돼
기다림에 지칠 때면 다시 돌아올 거야

1997년 1월 31일, 록그룹 시나위가 발표한 6집 앨범 머릿곡의 제목은 '은퇴선언'이었다. 그로부터 꼭 한 해 전 그 날, 성균관대 유림회관에 세운 단상에서 세 명의 멤버들이 돌림노래 부르듯 '은퇴선언문'을 번갈아 읽었던 그룹 〈서태지와 아이들〉을 향해 날린 독설이었다. '은퇴선언'을 마지막 인사를 드리는 엄숙한 자리가 아니라 더욱 극적인 '컴백무대'를 위한 가식적 장치로 활용하고 있다는, 왕년의 시나위 베이시스트로서 한솥밥을 먹던 서태지를 향한 다소 거친 비판이었다. 물론 더 이상 '서태지와 아이들'이라는 그룹은 볼 수 없게 되었다. 하지만 시나위의 예상이 맞아들었던지 실제로 서태지는 솔로가 되어 이듬해 가요계로 돌아왔다.

그러나 시나위의 독설을, 단지 '문화대통령' 서태지를 향한 것만으로 들을 수 없는 사람들이 많았다. 서태지가 데뷔했던 1992년 겨울 눈물을 흘리며 은퇴선언을 읽었다가 3년이 채 지나기 전에 웃는 얼굴로 돌아와 '정치대통령'에 도전한 사나이, 김대중의 모습이 겹쳐 떠오르지 않을 수 없었기 때문이다.

1992년 12월 19일, 숙명의 라이벌 김영삼과의 맞대결에서 패배한 김대중은 떨리는 목소리로 짤막한 선언문을 읽어 내려갔다. 준비할 시간이 없었을 것임에도, 그래서 길지 않은 문장이었음에도 그 진실함이 느껴지고 그가 걸어온 길을 떠올려 숙연하게 만드는 명문이었다.

존경하는 국민 여러분.

저는 또 다시 국민 여러분의 신임을 얻는 데 실패했습니다. 저는 이것을 저의 부덕의 소치로 생각하며 패배를 겸허한 심정으로 인정합니다. 저는 김영삼 후보의 대통령 당신을 진심으로 축하하는 바입니다. 저는 김영삼 총재가 앞으로 이 나라의 대통령으로서 정치, 경제, 사회 모든 분야에서 국가의 민주적 발전과 조국의 통일에 크게 기여하기를 바라 마지않습니다.

국민 여러분!

저는 오늘로서 국회의원직을 사퇴하고 평범한 한 시민이 되겠습니다. 이로써 40년의 파란 많았던 정치 생활에 사실상 종말을 고한다고 생각하니 감개무량한 심정을 금할 길이 없습니다. 그간 국민 여러분의 막중한 사랑과 성원을 받았습니다. 진심으로 감사합니다. 국민 여러분의 하해 같은 은혜를 하나도 갚지 못하고 물러나게 된 점 가슴 아프고 송구스럽게 생각합니다.

한편 이기택 대표 최고위원 이하 당원 동지 여러분께서는 오랜 세월 동안 저에 대하여 이루 말할 수 없는 협력과 성원을 아끼지 않았습니다. 당원 여러분이 베풀어준 태산 같은 은혜를 무어라 표현할 길이 없습니다. 앞으로 한 당원으로서 저의 힘닿는 데까지 당과 동지 여러분의 발전에 미력이나마 헌신 협력할 것을 다짐하는 바입니다. 다시 한 번 국민 여러분과 당원 동지 여러분들의 건승을 빌면서 가슴 벅찬 심정으로 감사의 인사 말

쓺을 드리는 바입니다.

이제 저는 저에 대한 모든 평가를 역사에 맡기고 조용한 시민 생활로 돌아가겠습니다. 국민 여러분과 당원 동지 여러분의 행운을 빕니다.

–1992년 12월 19일, 민주당 대선 후보 김대중

은퇴를 선언한 김대중은 영국에서 마음을 추스르는 한 편 '아시아태평양평화재단'을 설립해 연구와 정책개발 활동에 전념하는 모습을 보였다. 그러나 이면에서는 그는 '동교동계'로 불리던 자기 휘하의 현역 정치인들에 대한 영향력을 여전히 행사하고 있었다. 그리고 90퍼센트 선을 넘나들던 김영삼 대통령의 지지도가 한 풀 꺾이고 국민들이 서서히 '다음'에 관심을 가지기 시작한 94년 무렵부터는, 정치 분석가들 사이에서 그가 복귀하리라는 전망이 기정사실로 통하고 있었다. 물론, 반독재투쟁 과정에서 서너 번이나 죽을 고비를 넘기면서도 흔들리지 않았던 그의 '뚝심'을 응원해왔던 많은 이들은 그가 흘리던 눈물의 진정성에 더 믿음을 주기도 했지만 말이다.

어쨌거나 1995년 7월, 김대중이 복귀했고 자신의 지지 세력을 챙겨 나와 새로운 당 '새정치국민회의'를 만들었다. 3년의 공백에도 불구하고 김대중은 일거에 65명의 현역의원을 움직일 수 있는 저력을 증명했고, 제 1야당 민주당은 김대중의 복귀에 반대하는 십여 명으로 연명하는 '꼬마 민주당'으로 전락하고 말았다.*

김대중에 대한 평가는 극명하게 엇갈렸다. 대의를 위해 사소한 절차와 과정에 묶이지 않는 '정치 프로페셔널'이라는 평가가 있었고, '결과보다 중요한 과정을 짓밟은 대통령 병 환자'라는 비판이 맞섰다. 그래서 1997년 대통령 선거는 이회창과 김대중의 대결이기 이전에, 김대중에 대한 두 가지 엇갈린 평가가 맞붙는 대결이기도 했다.

대법관, 감사원장, 총리까지. 법관으로서, 관료로서, 최고의 경력을 쌓아온 데다가 총리로서 김영삼 대통령과 정면으로 맞설 정도의 강단 있는 모습으로 신선한 이미지를 구축해온 이회창은 분명 매력 있는 정치인이었고, 거대여당 신한국당의 대통령후보로서 막강한 배경을 업은 유력후보이기도 했다. 사법적 정의가 바닥에 떨어진 적이 많았던 한국사회에서 그에게 붙여진 '대쪽'이라는 별명은 그대로 최고의 찬사이기도 했다.

그러나 그는 '좋은 사람'이었고 '유능한 사람'이었을 뿐, 강렬한 애정이나 증오를 자아내는 인물은 아니었다. 다른 대안이 없다면

* '꼬마 민주당'이라는 애처로운 별명으로 불렸지만, 정치사적으로는 결코 가볍지 않은 의미를 가지는 정당이었다. 1996년 제 15대 총선에서 당내 중량급 인사들이 모두 각 지역에서 지역패권구도에 맞서 정면으로 싸우는 모습을 연출하며 찬사를 받았는가 하면, 그런 강단 있는 과정에서 그 핵심인물 중 하나였던 노무현을 훗날 대통령으로 키우는 산실이 되었기 때문이다. 그러나 1997년 대통령 선거 때는 나름의 후보를 내지 못했기 때문에 김대중을 지지한 노무현, 김원기, 김정길, 그리고 김대중에 대한 배신감으로 오히려 이회창을 지지한 이부영, 제정구, 이기택 등으로 갈리며 정당으로서 수명을 마쳤다.

그로 대신하는 것에 크게 거부감을 가진 사람도 없었지만, 그가 아니면 안 된다고 목청 높이는 사람도 없었다. 반면, 김대중은 달랐다. 그는 반드시 대통령이 되어야 하는 이유를 수백 가지 가진 사람이었던 동시에, 절대 대통령이 되어서는 안 되는 이유 역시 수백 가지를 가진 사람이었다. 선거기간 내내 더 높은 지지율을 보인 것은 이회창이었지만, 어느 곳엘 가나 화제의 중심에는 김대중이 있었다. 이회창은 크지만 고정된 상수였고, 김대중은 작지만 어디로 튈지 모르는 변수였다.

김대중을 공격하는 이들의 야유는 이 한 마디로 집약되었다. '대통령병 환자' 혹은 '대권 4수생'. 눈물의 정계은퇴선언을 손바닥 뒤집듯 하고 멀쩡하던 제 1야당을 박살내가며 대권에 대한 집념을 버리지 못한다는 부정적 이미지와, 지금껏 안 된 것처럼 앞으로도 안 될 것이라는 부정적 전망을 묶어놓은 전략이었다.

반면 김대중은 이렇게 맞받아쳤다. '준비된 대통령'. 1971년부터 대통령이 되기 위해 노력해왔고, 그래서 그 누구보다도 철저히 준비가 되어있다는 말. 물론 IMF경제위기 속에 '이념이고 지역이고 모두 떠나, 이 경제위기를 헤쳐 나갈 실력자를 원한다'는 유권자들의 정서에 맞춘 이미지 전략이었다. 강공에 강공으로 맞서는 대신 흘려보내며 카운터를 노릴 만큼, 그의 노련한 정치 감각은 돋보였다. 이미 그에 맞설 만큼의 노련함을 갖춘 김영삼은 '식물대통령' 소리까지 들으며 정치무대 저편으로 저물고 있지 않았던가.

아울러 김대중은 도저히 빈틈이 보이지 않던 지역갈등 구조와도 정면으로 맞서는 대신, 유연하고 능글맞게 타고 넘어가는 전략을 썼다. 10년 전에는 호남의 지지를 최대한 긁어모아 맞서려다가 실패했고, 5년 전에는 영남을 향해 미소를 날리다가 반대만 당했던 그였다. 하지만 이번에는 호남 땅에 발도 들여놓지 않음으로써 영남을 자극하지 않는 동시에 충청, 강원 등 나머지 지역들을 포섭하는 복합적이고 노련한 전술을 썼다. 이념이니 정책이니 어느 구석에서도 동질감을 가지고 있지 않은 김종필에게 '내각제 각서'를 써줘가며 끌어들여 'DJP연합'을 완성시킨 것은 그 때문이었다.

결국 그 해 선거에서 김대중은 이회창에게 역대 대통령 선거 사상 가장 적은 표 차인, 불과 40만 표 가량(0.5%)을 앞서며 당선되었다. 영남에서 별로 달라진 것 없이 13퍼센트의 지지를 받는 데 그쳤지만 다시 한 번 숨죽인 채 93퍼센트의 지지를 보내준 '집토끼' 호남에 더해 서울과 경기, 충청, 제주의 산토끼들을 꽁꽁 묶었고, IMF의 절망감 속에서 차라리 투표장 거동을 포기해버린 영남 유권자들의 침묵 속에서 간신히 40만 표가 채 안 되는 우세를 잡을 수 있었다. 물론 '준비된 대통령론'과 'DJP연합' 전술만 가지고 이룬 승리라고만 해석할 수는 없었다. IMF경제위기에 대한 여당 책임론, 그리고 신한국당의 대선후보선출 과정에서 불거진 갈등과 이인제의 독자출마에 따른 여권 표 분산 등의 '천운'이 없었다면 가능하지 않았을 일이었기 때문이다.

해태 타이거즈와 김대중의 바톤 터치

1998년. 김대중이 대통령에 당선되었다. 그리고 해태 타이거즈가 몰락했다. 사람들은 기이한 우연이고, 묘한 역설이라고 했다. 밟혀도, 꺾여도, 엄동설한에 꽁꽁 얼어붙어도 죽지 않고 오히려 기승을 부리던 잡초가 온실에 들어서자마자 말라 죽어버린 꼴이었다. 그래서 사람들은 다시 한 번 음모이론을 만들어냈다.

"김대중이 해태 타이거즈를 죽였다."

김대중 정부는 출신 지역이라는 유치한 범주로 나뉜 다수파와 소수파의 질서 안에서 끝내 다수파의 인정을 받지 못한 소수파 정권이었다. 그래서 권력을 쥐고도 의회 의석수와 경제, 사회, 언론,

문화 등등의 영역을 꽉 잡고 있는 다수파의 눈치를 볼 수밖에 없는 처지였음에 분명했다. 사소한 통치행위 하나에도 차별이니 보복이니 하는 트집의 빌미를 남길까 전전긍긍해야 했고, 이왕 나무 위에 올라간 미운 놈을, 기회다 생각하고 흔들어보자는 심산으로 달려드는 야당의 몽니도 극복해야 하는 현실이었다. 그래서 되도록이면 경상도 사람들의 뒤틀린 심사를 자극하지 않기 위해, 그리고 프로야구 판에서나마 80년대의 호남 사람들이 장난감처럼 갖고 놀던 '우승'의 경험을 인심 쓰듯 경상도 사람들에게 나누어주기 위해 해태 타이거즈를 의식적으로 '죽여'버렸다는 이야기가 꽤나 그럴듯하게 들리기도 했다.

실제로 1998년 봄, 김대중이 대통령으로 취임하자 고위직으로 진입하는 호남 출신 인사들의 수가 이전의 몇 갑절로 불어나기 시작했다. 그리고 안산에서 시작된 서해안고속도로도 평택에서 당진 사이에 가로놓인 7킬로미터가 넘는 다리를 건너 목포까지 시원스럽게 연결되었다. 호남은 단숨에 부러움을 넘어 질시의 대상이 되었고, 이제까지 과분한 혜택을 누리던 사람들이 곧 숨 넘어갈듯 나자빠지며 '정권의 호남 편애와 영남 차별' 때문에 다 죽어간다고 엄살을 부리기 시작했다.

그러나 기껏 따져봐야 호남 출신 고위공직자들의 수가 여전히 영남 출신을 넘어서지는 못했고, 호남 지역의 경제사정도 별반 달라지는 것이 없었다. 서해안 고속도로야 진작 8년 전 노태우 대통령 시절부터 닦이기 시작해서 하필 김대중 대통령이 취임한 첫 해 개통만 했을 뿐이었다. 따지고 보면 경제적으로 조금씩 뒷걸음치는 건 영남이나 호남이나 마찬가지였고, 몸집을 불리는 건 수도권과 대도시들일 뿐이었다. 물론 IMF경제위기를 겪으며 그런 추세는 더 빠르고 심해졌다. 분명한 것은 김대중 정부가 호남에게 별 혜택을 준 것도, 영남에게 특별한 설움을 준 것도 아니라는 사실이다.

지금에 와서 다시 한 번 생각해보자면, 그런 일들이 모두 김대중의 결단에 의한 것만은 아니었다는 것이 진실에 가까울 것이다. 우선 'IMF 경제위기'라는 사건은 대통령 선거운동 기간에도 인정사정 봐주지 않고 온 나라를 뒤흔들어댔고, 그 통에 조만간 곳간 열쇠를 맡을 가능성이 있는 유력후보들이 모조리 IMF와의 협상 내용을 존중하겠다는 각서를 써야만 하는 수모를 겪기도 했다. 그래서 당선된 김대중은 취임선서를 하기도 전부터 당장 거덜 난 가계부를 붙들고 머리 쥐어뜯는 세월을 보내야 했다. 폼 나게 어느 지역에 무얼 한 몫 떼어주고 말고 할 형편이 아니었던 것이다. 횡령이나 남용도 좀 넉넉할 때 해야 마음도 편하고 티도 덜 나는 것이 아니던가.

그리고 이런 저런 사정들을 모두 떠나본다 해도, 대통령의 결단 하나로 어느 한적한 어촌 마을에 벼락같이 제철소를 짓고 자동차공장을 세우는 시절은 꽤 오래 전 흘러가버리고 말았던 탓이기도 하다. 투자는 어차피 정부가 아닌 기업이 하는 것이고, 기업 총수들은 서서히 권력자의 손 안에서 벗어나고 있었다. 그래서 지역 간 차별이니 역차별이니 하는 것이 모두 마음을 먹었다고 해도 착착 진행 되기 어려웠던 사정은 김대중의 불운이기도 하지만, 말 그대로 '이미 권력은 시장으로 제법 넘어가 있던' 시대적 환경 탓이기도 했다.

그런데 하물며 프로야구단 하나 살리고 죽이는 일까지 대통령의 결단에 의해 이루어진 일이었다는 추측에 나는 동의하지 못한다. 이미 그 시절 먹고 사는 일과 자식 키우고 가르치는 일, 집 장만하는 일과 하등의 상관이 없던 프로야구는 한국인들의 삶에서 별로 중요한 비중을 차지하지 못했으며, 당연히 대통령에게 있어서도 별 중요한 관심거리가 되지 못하고 있지 않았던가.

오히려 김대중 정부가 발 벗고 나섰던 것은 구조조정이었다. 마땅히 망해야 할 것을 망하게 만들고, 살릴 수 있는 것은 덩치 큰 놈에게 붙여 확실히 살리는 것. 그래서 '퇴출'과 '워크아웃'과 '빅딜'이 신문 경제면 밖으로 튀어나와 온 나라에 유행어처럼 흘러 다녔다. 그리고 자본주의 원리와 경제법칙은 마치 해태 타이거즈 단장이 연봉협상 때마다 즐겨 쓰던 '광주의 물가'* 처럼 사람들을 몰아 붙였으며, '위기극복을 위해 금모으기 운동과 달러 모으기 운동에 동참해주신 애국시민 여러분'들의 미담은 비판자들의 입을 막았다.

흔히 '신자유주의'라고 불렸던 그 냉정하고도 공정한 국가재편사업 과정에서 물론 진작에 망했어야 할 흉물들 몇을 처리한 것은 참 시원하고도 장한 일이었다. 하지만 경제법칙과 자본주의 원리에 따르자면 도무지 이 사회에 보탬이 될 것이 없었던, 굳이 회사가 정규직으로 채용해서 꼬박꼬박 먹여 살릴 만한 재주도 갖지 못한데다가 통장 잔고는 항상 바닥이어서 신용카드에 목줄을 기대고 살던 가난뱅이들이 일거에 거리로 떨려나는 비극도 튀어나올 수밖에 없었다.

가난한 자들과 약한 자들의 희망이었던 김대중이 휘두른 권력에, 그 가난하고 약한 자들이 제일 먼저 나가떨어지고 말았다. 그리고 그들의 또 다른 우상이었던 해태 타이거즈 역시, 그렇게 무너지고 말았다.

* 해태 타이거즈 구단은 선수들과 연봉협상을 할 때마다 상대적으로 낮은 광주물가를 들이밀며 낮은 연봉에 사인할 것을 종용하곤 했다.

브라보콘 팔아 연봉 주는 팀

해태 타이거즈는 한국프로야구 최강의 팀이었지만 동시에 가장 가난한 팀이기도 했다. 가장 많은 수의 선수들을 선발해 가장 높은 수준의 연봉을 지급해야 하며, 가장 거창한 경기장에서 가장 복잡한 장비들을 사용해 경기해야 하기에 한 해 줄잡아 백 수십 억의 적자는 감수해야 하는 것이 바로 프로야구단이다. 그래서 좀 덜 뽑고 좀 덜 쓰는 농구나 배구, 탁구 같은 '저렴한' 종목들과 달리 야구만큼은 각각 대한민국 국내총생산의 한 덩어리씩을 담당하는 삼성, LG, 두산 같은 초대형 기업들의 각축장이 되어 있는 것이다. 그런 바닥에서 경쟁하느라 해태는 항상 재정적으로 팍팍한 살림을 해갈 수밖에 없었다. 말이 좋아 '제과 라이벌'이라고 묶여서 불렸지만 롯데 역시 기업 규모 면에서 해태의 수십 배가 넘는 공룡기업이 아니었던가.

해태 출신 선수들이 입을 모아 증언하는 '연봉 협상 때마다 되풀이되던 광주물가 타령'만 보더라도 그렇다. 해태 타이거즈의 역대 단장들은 시즌 뒤 선수들과 연봉협상을 벌일 때마다 '광주 물가는 서울의 절반도 되지 않는다. 따라서 7천 만 원만 받아도 서울 팀 1억 원 이상의 가치가 있는 셈' 이라는 논리를 전가의 보도처럼 휘둘렀다. 물론 선수들도 바보가 아닌 다음에야 말도 안 된다며 대드는 게 당연한 수순이었을 테고, 그러면 다시 미간을 확 구기며 '네 연봉 주기 위해 공장에서 여공들이 밤 새워가며 브라보콘 몇 개를 더 만들고 맛동산 몇 개를 더 만들어야 하는 줄 아느냐'고 호통을 치기도 했다. 물론 선수에 대한 보유권을 구단이 영구적으로 가지던 시절이었기에 통했던 억지였다. 어차피 선수 입장에서는 계약서에 도장을 찍거나, 정 싫으면 옷을 벗는 수밖에 없는 처지였기 때문이다.

그러나 해마다 그렇게 야박한 연봉계약을 맺고 나선 경기장에서 해태 타이거즈가 번번이 우승을 할 수 있었다는 것이 말해주는 것은 간단치 않은 시대의 단면이다. 즉, 그들에게 우승이란 목표는 돈 이상의 가치가 있는 것이었고, 경기장에서 승패 또한 돈의 액수 이상의 차원에서 갈리는 것이었다는 사실이다.

하지만 자본주의의 논리와 윤리에 충실할 때, 프로야구는 '야구'이기 이전에 '프로'였고, 승부를 결정하는 것도 사실은 야구선수 이전에 돈이라는 것이 진실이다. 그리고 온 나라의 돈줄이 마르며 온갖 우아한 옷가지와 그럴 듯한 근육으로 가려졌던 초라한 객관의

1988년 골든글러브 시상식에서는 총 10명 중 해태 타이거즈 선수가 5명을 차지한다(이순철, 김성한, 한대화, 장채근, 선동열).
출처: 해태 타이거즈 팬북

뼈대가 고스란히 드러나던 경제 위기의 시대에, 우리는 그런 불편한 진실을 제대로 대면하게 되고 말았다. 97년과 98년 사이에 8개 구단 중 2개 구단이 모기업의 부도사태로 직격탄을 맞고 쓰러졌는데, 얄궂게도 호남야구의 형뻘인 해태와 아우뻘인 쌍방울이 그 주인공이었다.

1997년 벽두 초부터 한보, 삼미, 기아 같은 대기업들이 무너지며 시작되어 하루 평균 40개씩의 기업을 쓰러뜨린 기나긴 고난의 행렬 끝에서 10월 15일, 쌍방울이 부도를 냈고 11월 1일에는 해태제과가 다시 부도처리 되었다. 두 기업 모두 더 이상 야구 따위에 신경을 쓸 수 없는 상태가 되었음은 설명할 필요도 없는 일이었고, 레이더스와 타이거즈는 각자 알아서 살아남아야 하는 처지로 내몰리고 말았다.

쌍방울 레이더스는 원정 숙소를 호텔에서 장급여관으로 낮추고, 선수들의 한 끼 식사비를 만 원에서 5천 원으로 잘라내면서 맨살 깎아내기를 한 끝에 다른 구단의 절반에 불과한 73억 원으로 한 해 운영비를 맞추었다. 하지만 모기업이 나날이 기일이 돌아오는 빚을 갚지 못해 부도를 내는 마당에 73억 역시 만만한 돈은 아니었다. 그래서 쌍방울은 끝내 선수를 팔아 구단 운영비를 대야만 했다. 돈이라면 얼마든지 내고라도 창단 첫 우승을 해내고야 말겠다고 별러대던 현대에게 시즌 전 공수를 겸비한 주전포수 박경완을 9억 원에, 다시 시즌 중이던 7월 31일에는 신인왕과 구원왕 경력의 특급 마무리 투수 조규제를 6억 원에 각각 팔아넘기며 피눈물을 삼켜야 했던 것이다.

96년과 97년 두 해 연속으로 플레이오프에 진출했던 돌풍의 팀 레이더스가 98년에 꼴찌를 예견한 전문가들을 무색케 한 분전 끝에 6위에 멈추어 선 것은 시작에 불과했다. 98시즌이 끝난 뒤에는 투타의 남은 기둥인 20승 투수 김현욱과 4번 타자 김기태를 20억과 바꾸어 삼성으로 보내며 실질적으로 승부에 대한 집착을 포기해버리고 말았기 때문이다. 그리고 심지어 더 이상 팔아 치울 만 한 선수가 남지 않게 되자, 99년에는 신인 드래프트에서 지명한 마일영을 계약 협상도 해보기 전에 현대로 넘기고 5억 원을 융통했을 정도였다.

결국 그렇게 선수 하나 팔아 몇 달을 넘기는 숨 가쁜 살림살이 속에 속빈 강정이 되어버린 팀은 팀의 형태로 매각할 수조차 없을 만큼 만신창이가 되어버렸다. 마침내 원년 삼미 슈퍼스타즈를 떠올리게 했던 압도적인 꼴찌가 되어 마무리했던 99년 시즌을 끝으로 쌍방울 레이더스는 퇴출과 해체의 비운을 감수해야 했다.

해태 타이거즈도 사정은 크게 다르지 않았다. 물론 9회 우승이라는 전통을 프리미엄으로 안고 있었기에 모기업이 부도를 내자마자 당장 대우그룹을 비롯한 몇몇 기업들이 흥정을 걸어왔다는 점에서 좀 나았다고 할 수도 있었다. 하지만 당장 하루하루의 살림이 숨가쁘기로는 다를 것이 없었다. 예컨대 가뜩이나 얇아진 선수층에도 불구하고 내야수 유망주 안상준을 1억 5천만 원에 LG로 현금 트레이드한 것이라든가, 국내무대에서 겨우 5년을 뛰었을 뿐인 이종범을 '세 번의 우승에 결정적인 기여를 했다'는 구실을 내세워 일본 주니치 드래건스에 넘긴 것 역시 트레이드머니 4억 5천만 엔을 챙겨 한숨을 돌려야만 했던 급박한 사정을 빼놓고는 절대 설명될 수 없는 일이었다. FA 시장에서 이강철과 홍현우, 조계현을 지키지 못하고 삼성과 LG로 보낼 수밖에 없었던 것 역시 그 시절 감수할 수밖에 없었던 비애였음은 물론이다.

그래서 그 무렵, 김응용 감독이 TV 카메라 앞에서 답답한 팀 사정을 설명할 때마다 했던 말이 유행어가 되어 번지기도 했다.

'음…, 동열이도… 없고, 종범이도… 없고.'

짠한 마음에 쌍방울 내의 한 벌 더 껴입기를 마다하지 않았던 전주와 군산 사람들, 그리고 해태 과자 먹기 운동에 불을 붙였던 광주 사람들의 서글픈 몸짓도 거친 한파를 막아설 수는 없었다. 그리고 집안의 기운이 꺾이려고 그랬는지 나쁜 소식은 꼬리를 물고 전해졌다. 해태 타이거즈가 마지막으로 우승했던 1997년 한국시리즈 최종전에서 완투승을 거두었던 차세대 에이스 김상진이 위암으로 쓰러졌고, 이듬해에는 '에이스 오브 에이스' 이대진마저 어깨부상으로 주저앉고 말았다.

선동열과 김성한이 없을 때 더 분발해야 한다고 독려하던 맏형 이순철과 정회열 같은 베테랑들도 진즉에 삼성 유니폼으로 갈아입고 사라진 뒤였다. 1998년 가을, '부잣집 망해도 3년은 간다'는 속설을 증명하듯 거듭된 악재에도 불구하고 최소한 4강 정도는 올라가는 기본실력을 보여주려고 기를 쓰던 타이거즈는, 시즌 내내 하위권에 머물던 두산 베어스가 9월 24일부터 10월 4일까지 마지막 남은 8경기를 모두 쓸어 담으며 반 경기 차로 4강 티켓을 가로채며 '기적의 8연승'에 환호할 때 쓸쓸히 가방을 챙겨 그라운드를 떠나야 했다. 그리고 그것으로 해태 타이거즈 시대도 막이 내려졌다.

물론 2001년 전기리그까지 해태 타이거즈는 존재했지만, 더 이상 그들을 두려워하는 이들은 없었다. 99년과 2000년, 마지막 자존심을 지키기 위한 처절한 몸부림은 쌍방울 레이더스의 한숨소리와 한데 묶여 궁상맞은 시대의 한 풍경으로나 인식되었고, 그들의 승부에 그 이상의 의미를 부여하는 이들은 이미 사라지고 말았다. 그리고 2001년 후기리그부터 프로야구판에 들어온 기아는 팀의 이름을 그대로 이어받은 데 이어 9회 우승의 역사까지 이어가겠다는 의지를 담아 'V10'이라는 슬로건을 내걸었고, 그 사이 일본에서 돌아온 이종범을 영입하며 타이거즈의 부활을 천명했지만, 아, 아무리 생각해도 기아는 기아고 해태는 해태였다.

인터뷰

〈스카우트〉 영화감독 **김현석**

"글쎄요…, 저는 농구나 축구는 잘 못하는데, 그러니까 다들 저한테 패스를 잘 안하더라고요. 그래서 한 경기를 열심히 뛰어도 거의 공을 만져보지를 못하는데, 야구는 다르잖아요. 아무리 1할 대 타자고 8번 타자라고 해도 한 경기에 서너 번, 자기 타석에서만큼은 그 경기장의 주인공이 되잖아요."

야구의 매력을 그는 이렇게 설명했다. 김현석은 '야구영화 찍는 영화감독'으로 알려져 있다. 그의 장편영화 데뷔작이 우리나라 최초의 야구단을 소재로 한 〈YMCA야구단〉이었고, 2007년에는 광주일고의 선동열을 스카웃하기 위해 광주로 내려갔다가 5.18 광주항쟁에 휩쓸리는 대학팀 스카우트의 이야기를 담은 〈스카우트〉를 연출하기도 했다. 감독으로 데뷔하기 전 시나리오를 써서 처음 영화판에 발을 들여놓았던 작품 〈사랑하기 좋은 날〉에는 야구광인 여주인공 지수원이 등장했고, 역시 시나리오를 쓰고 조감독으로 참여한 〈해가 서쪽에서 뜬다면〉에서는 야구심판(임창정)이 시구를 하러 온 여배우(고소영)과 야구장 한복판에서 키스를 하는 명장면을 연출하기도 했다. 그 뿐 아니라 〈슈퍼스타 감사용〉에서는 소년 시절부터 그의 우상이었던 김성한 역을 맡아 단역으로 우정출연을 하기도 했

김현석 감독의 영화 〈스카우트〉 포스터. 한 대학의 스카우터(임창정 역)가 광주로 파견되어 초고교급 투수 선동열을 '잡는' 과정에서 벌이는 해프닝을 1980년 5월 18일이라는 시간적 배경에서 보여준다.

다. 그는 광주에서 초등학교를 다니며 광주일고의 열전에 열광했고, 자연스럽게 해태 타이거즈의 열혈팬이 되었으며, 영화감독이 되어 만든 영화에는 야구와 해태 타이거즈의 흔적들이 녹아들었다.

"글쎄요, 제가 야구를 좋아하기는 하지만, 특별히 야구에 관한 영화만 만들어야겠다거나 그런 생각은 없어요. 아직 결혼을 안 했는데, 야구를 좋아하는 여자를 만나고 싶다거나 하는 생각도 없고. 오히려 야구에 관한 영화를 몇 편 만들면서, 감독으로서는 좀 손해 본 느낌도 있는데…."

그의 영화들은 하나 같이 평론가들로부터 높은 점수를 받았고, 화제를 몰고 왔다. 하지만 흥행 성적은 그리 좋지 못했다. 그의 말대로 '야구'라는 소재에 문제가 있었을 수도 있다. "제가 72년생인데, 야구는 딱 우리 또래 세대들만 좋아하는 스포츠예요. 조금 위 세대는 축구에 대한 기억이 더 많으신 것 같고, 조금 아래 세대들은 아예 야구에 대해 거의 알지 못하기도 하고."

1970년대 초반에 태어난 사람들이 대한민국에서 가장 야구를 좋아하는 세대를 이루고 있는 것은 분명한 사실이다. 초등학교 저학년 때 프로야구 출범과 1982년 세계야구선수권대회 역전우승의 감격을 목격했고, 프로야구 어린이회원으로서 '야구팬'으로서의 소속감을 배웠으며, 골목마다 공터마다에서 이런 저런 방식으로 변형된 야구 놀이를 즐기며 자란 세대이기 때문이다. 그래서 박찬호, 임선동, 조성민, 염종석, 정민철, 박재홍 등등 몇 십 년에 한 번 나올까 말까 하다는 선수들이 1973년생 중에서 쏟아져 나온 것도 우연은 아닌 것이다.

반면 60년대 이전에 난 사람들이라면 차범근이 휘젓고 다니던 국가대표 축구팀의 최전방을, 그리고 80년대 이후에 난 사람들이라면 2002년 한일월드컵 때 시청앞에서 벌어졌던 축제의 한마당을 더 친근하게 떠올릴 만하다. 그렇지만 확실히 김현석 감독이 야구에 관해 가진 생각이 비관적이라는 느낌은 들었다. 그는 야구를 '20세기의 스포츠'라고 표현했으며, 그래서 '서서히 말라죽어갈 운명'이라고 내다보았다. 그가 말하고 있는 야구란, 사실 '해태 타이거즈의 야구'를 의미하고 있었기 때문이다.

"해태 타이거즈는 제일 가난한 팀이었고, 또 좋은 선수들은 당시에 삼성 라이온즈에 더 많았거든요. 그렇지만 그런 것만으로는 설명될 수 없는 팀이었죠. 어쨌든 경기장에 가서 보면 이기든 지든 화끈한 팀이었고. 그런데 IMF 지나고, 해태 타이거즈도 기아 타이거즈로 넘어가고 나서는 그런 야구를 보기는 어려워진 것 같아요."

그에게 야구란, 해태 타이거즈가 그랬듯이 객관적인 무엇에 의해 제약되지 않는, 그리고 화끈한 열정을 생명으로 하는 스포츠였다. 그러나 해태 타이거즈와 함께 20세기가 저물고, 다가온 IMF의 시대 21세기에 여전히 야구는 있었으되 그런 야구가 아니게 되었기 때문이었다.

"언젠가는 '3김 전설'이라는 영화를 구상해본 적도 있었어요. 김성한, 김봉연, 김준환, 이 세 사람에 관한 얘기인데…, 글쎄, 지금 생각으로는 한동안, 아니 앞으로 계속 야구에 관한 영화는 못 만들지 않을까 싶어요."

나 역시 작가로서 언젠가 꼭 한 번 써봐야지 싶은 이야기가 하나 있다. '돌풍의 3총사'라는 책인데, 1989년 인천야구 최초로 플레이오프 진출을 이끌어낸 투수삼총사 박정현, 최창호, 정명원, 그리고 무명의 그들을 최고의 투수로 조련해냈던 김성근 감독에 관한 이야기다. 그는 영화감독으로서, 나는 작가로서, 저마다 가슴에 품고 사는 영웅의 이야기는 하나씩 있는 것이다.

어쨌든 여전히 야구장에서는 공이 날고 있고, 선수와 관중들은 또 새로운 이야기와 전설과 감동과 눈물을 만들어내고 있다. 그러나 확실히 해태 타이거즈가 이끌었던 '20세기 야구'식의 감동은 찾아보기 어렵게 되었고, 김현석 감독의 야구영화 또한 최소한 한동안은 보기 어렵게 되었다.

그가 꼽은 21세기의 명장면, 타자로 전향한 뒤 고전을 면치 못하다가 철벽 마무리 이상훈으로부터 싹쓸이 3루타를 때려내고 환호하던 이대진의 그날처럼 그 역시 21세기적 역전의 꿈은 버리지 않고 있을 것이다. 야구공은 둥글고, 절망과 역전의 희열이 교차하는 것이야말로 야구의 매력이며 그 역전의 희망을 버리지 않는 것이야말로 야구광들의 세계관이기 때문이다.

쌍방울 유니콘스와 삼성 라이거즈의 시대

하루아침에 국민소득의 30퍼센트가 증발해버린 경제위기의 시대. 당장 먹고 입을 것을 걱정해야 하는 가난뱅이들에게 그것은 씨나락이라도 까먹으며 당장의 허기를 달래야 하는 암담한 시절이었다. 하지만 반대로 돈이라면 아쉬울 것 없을 만큼 쌓아놓고 있던 부자들에게는 그냥 주워 먹으면 되는 열매들이 천지에 널려 있는 기회의 계절이기도 했다. 하루가 일 년 같이 길고 끔찍했던 그 시절 오히려 강남 부자들이 '이대로'를 외쳤다는 것도 그저 헛소리만은 아니었던 것이다.

현대는 고질적인 약점이었던 포수 자리에 망한 집안 쌍방울에 9억을 찔러주고 데려온 박경완을 앉히며 일거에 우승을 위한 가장 중요한 열쇠를 움켜쥐었다. 그리고 6억을 주고 역시 쌍방울에서 사온 신인왕과 구원왕 경력의 조규제를 왼손전문 계투요원으로 쓸 정도로 완벽한 불펜진을 구축했다. 그 덕분에 심지어 사상 최초로 한 시즌 40세이브 기록과 한국시리즈 노히트노런의 기록을 만들어내기도 했던 전설적인 마무리 투수 정명원을 선발로 돌려 14승을 만들어낼 정도로 마운드에는 여유가 넘쳤다. 게다가 원래 해태가 지명권을 쥐고 있었지만 실업팀 현대 피닉스를 통해 우회적으로 사들여온 광주일고 출신의 박재홍은 데뷔 후 3년 동안 두 번이나 30홈런-30도루를 달성해내며 타선의 핵 역할을 거뜬히 해내기도 했다. 그러고 보면 1998년 현대 유니콘스가 무려 81승이라는 정규시즌 사상 최다승 기록까지 곁들여 창단 첫 우승을 만들어내는 데 작용한 쌍방울과 해태의 음덕을 부정할 수는 없다.

현대가 돈의 힘으로 우승을 만들어내는 것을 삼성이라고 그냥 지켜볼 리 없었다. 삼성도 돈이라면 현대 못지않게 쌓아놓고 있었고, 또 그 이상으로 우승에 굶주려 있었기 때문이다. 이듬해 곧장 20억 원을 풀어 쌍방울에서 김기태와 김현욱을 데려온 삼성은 FA 계약과 트레이드를 통해 해태의 조계현과 이강철, 임창용을 끌어왔다. 그리고 결정적으로는, 2000년에는 해태 9회 우승의 거장 김응용 감독을 모셔오는 데 성공했다. 그렇게 팬들이 오히려 당황스러울 만큼, 너무 이질적인 재료들을 가지고 체질개선을 하느라 시간이 좀 걸리긴 했다. 구단 안팎에서 잡음도 있었고 이만수를 비롯한 프랜차이즈 스타 출신 지도자들이 대거 해외와 재야로 떠돌아야 하

해태 타이거즈에 9번이나 우승컵을 안긴 김응용 감독이 마침내 삼성의 유니폼을 입고 2002년 삼성에게 우승컵을 안긴다.
출처 : 삼성 라이온즈(위)
헤테 티이기즈 펜북(이래)

는 부작용도 있었다. 그러나 삼성도 결국 그 힘에 의지해 2002년에 비원의 첫 한국시리즈 우승을 이루어낼 수 있었다.*

게다가 마침 1998년 시즌부터 한국야구위원회는 각 팀당 2명씩의 외국인선수 영입을 허용하기로 하고 있었다. 그러나 한 명당 최소 1,2억 원 이상 나가던 몸값에 더해 숙식비, 통역비, 비행기 값 등으로 다시 그 이상의 부대비용을 지출해야 하는 외국인 선수는 부도구단들에게 그림의 떡에 불과했다. 쌍방울은 애초에 외국인 선수 지명 자체를 포기했고, 해태 타이거즈는 지명한 선수와 계약에 실패하는 난항을 겪은 끝에 뒤늦은 5월 초에 가서야 계약금과 연봉을 합해 8만 달러의 헐값에 미국인 타자 숀 헤어를 영입했다. 그러나 한때 광주 구장의 펜스 거리가 너무 짧아 싱겁다며 허풍을 떨던 숀 헤어는 단 한 개의 홈런도 쳐내지 못한 채 고작 29경기에서 2할 언저리의 미미한 성적만 남기고 퇴출되며 애초에 영입을 하지 않느니만 못했다는 뒷맛만을 남기고 말았다.

그러나 각각 20만 달러짜리 용병을 두 명씩 욕심껏 골라낼 수 있었던 현대와 삼성에게는 그것 또한 새로운 기회였다. 98년 현대에는 33세이브포인트를 올리며 주전 마무리투수 역할을 해준 조 스트롱과 3할 타율에 26홈런, 97타점으로 4번 역할을 톡톡히 해준 외국인 타자 스콧 쿨바가 있었고, 삼성에는 15승짜리 선발투수 베이커와 25세이브포인트의 마무리투수 호세 파라가 있었다. 쌍방울과 해태가 차와 포를 떼고 시작한 게임이었다면, 삼성과 현대는 차와 포를 두 개씩 더 달고 시작한 셈이었다.

그리고 2000년부터 도입된 자유계약(FA)제도**는 야구와 돈의 관계에 있어서 새로운 차원을 만들어냈다. 연고 지역과 무관하게

* 일본으로 진출했던 선동열 또한 선수생활을 마치고 돌아온 2003년 친정팀 기아 대신 삼성에서 투수코치를 맡았고, 2005년부터는 스승 김응용에 이어 삼성 라이온즈의 감독으로 자리를 잡았다. 또한 그와 손발을 맞추어 타격코치와 수석코치로 일한 것도 해태 타이거즈의 간판타자 출신의 한대화였다.

** 1999년부터 시행된 제도. 이전까지 신인지명을 통해 선발한 팀이 선수에 대한 보유권을 영구적으로 가질 수 있었다. 그러나 99년 이후 한 팀에서 10년 이상(해마다 2/3 이상의 경기나 이닝을 소화한다는 조건 하에) 뛴 선수에게 자유로이 팀을 선택할 수 있는 권한을 부여했다. 다만 자유계약선수를 영입하는 구단은 선수나 현금으로서 보상을 해야 하기 때문에, 특급 선수가 아니면 대상이 되기 어렵다는 한계가 있다. 2001년부터는 자격조건이 10년에서 9년으로 단축되기도 했다.

오로지 돈의 힘만으로 선수를 잡을 수 있는 길이 열렸기 때문이다. 그래서 첫 해 삼성이 투수 이강철과 포수 김동수에게 각각 8억씩을 투자하며 테이프를 끊은 이후 해마다 몸값에 관한 신기록이 깨졌고, 2004년에는 4년간 무려 60억을 받는 '선수재벌'까지 등장하게 되었다. 제아무리 돈이 많고 든든한 후원자를 가진 팀이라 해도 광주에서 학교를 나온 선동열을 어찌할 수는 없던 시절을 지나, 얼마든지 돈을 쓸 각오만 되어 있다면 절정기에 오른 국가대표 선수들을 한 팀에 긁어모으는 것도 불가능하지 않은 시대가 된 것이다.

그 결과 해태 타이거즈와 그 밖의 팀들이 1대 7의 구도를 만들어 왔던 한국 프로야구가 90년대 말부터 2000년대 중반까지의 한 시절은 삼성과 현대라는 두 마리 공룡의 각축장으로 바뀌게 되었다. 그리고 1998년과 2000년, 2003년, 2004년은 현대가 우승했고 2002년과 2005년, 2006년은 삼성이 우승했다. 그러나 그 모든 우승에 쌍방울과 해태의 그림자가 짙게 드리워 있음을 알고 있는 이들은 이런 말을 만들어내기도 했다. '쌍방울 유니콘스'대 '삼성 라이거즈'의 쟁패시대*.

* 현대가 주로 쌍방울에서 데려온 선수들로 전력보강을 했다면, 삼성이 보강한 선수들은 주로 해태 타이거즈 출신들이 많았다. 특히 삼성은 선수들 외에 감독과 코치 등 선수단 지휘부를 대거 해태 출신으로 물갈이했기 때문에 호랑이와 사자의 혼혈동물인 '라이거즈'라는 별명을 얻기도 했다.

감격과 배신의 기억, 현대 유니콘스

1998년 10월 30일 한국시리즈 6차전. 9회 초 LG 트윈스의 마지막 타자 유지현의 배트에 빗맞은 공이 하늘 높이 솟구쳤다가 현대 유니콘스 중견수 이숭용의 글러브로 힘없이 떨구어졌다. 그리고 도원야구장의 1만여 관중들이 방향도 없는 악을 쓰기 시작했다. 마운드의 정민태는 고개를 숙여 눈물을 감추었고, 1루수 김경기가 마운드로 돌진하며 길길이 뛰어올랐다. 그리고 마이크를 잡은 주장 정명원은, 붉은 눈으로 메어오는 목을 주체하지 못한 채 술 취한 사람처럼 중얼거렸다.

"아… 예… 감사드리고… 같이 고생했던 창호랑 정현이가 이 자리에 없는 게…, 가슴이 아픕니다."

선수로나 팀으로나, 다시 연고지로서나 사상 첫 우승을 맞이했던 바로 그 순간, 함께 그 자리에 어우러진 동료선수들 대신 이제는 다른 팀으로 떠나간, 그러나 90년대 내내 인천의 분투와 좌절을 상징해온 두 선수 최창호와 박정현의 이름을 그는 떠올리고 있었다.

환호성의 높이보다 울음소리의 깊이가 더했던 그 밤, 인천 사람들은 조롱과 비웃음을 견뎌내며 꾸역꾸역 야구장을 채워왔던 16년의 세월과, 그 사이 흘러간 장명부, 박정현, 최창호, 김홍집의 외로운 투혼과, 도저히 믿어지지 않는 우승의 감격 사이에서 몸을 가누지 못했고 마음을 주체하지 못했다. 처음 맛보는 우승이란 그런 것이었다.

물론 남들이야 돈으로 산 우승이라고 비아냥거리기도 했다. 옆집 망한 틈을 타서 빼온 기둥 박경완, 조규제, 박재홍. 그리고 각각 수억 원씩 들여가며 모셔온 두 미국인 용병 스트롱과 쿨바. 그 해 유니콘스의 막강함은 그들을 빼놓고는 도저히 상상할 수 없는 것이었기 때문이다. 그래서 사람들은 '현대'를 '돈대'라고 불렀다.

그러나 뭐 어떠랴. 애초에 삼미니 청보니 태평양이니, 빈티 나는 회사들만 줄을 서는 바람에 손해 본 세월이 얼마인데. 그리고 뭐 어떠랴. 시샘이 놀림보다는 나은 법이니, 무엇이 되었든 꼴찌설움만이야 하겠는가.

그 순간, 신비한 영물 유니콘을 타고 하늘 높이 승천한 기분으로 내가 내려다본 것은 다시 해태 타이거즈였다. 아, 지금껏 견뎌 와야 했던 16년 설움이 시작된 1983년 6월 6, 7, 8일, 그 3연전 굴욕의 원흉. 그러나 지금은 산산 조각이 나버린 채 재기불능의 상태로 저 낮은 바닥에 널브러진 부도구단 해태 타이거즈. 무엇일까. 드라마 속 재벌 집 며느리가 되어 얻은 금권의 힘으로 먼 옛날 자신의 순정을 짓밟은 원수를 '부셔버린' 어느 악녀의 희열이 이런 것이었을까. 그 가을과 겨울, 나는 악착같이 주변에서 해태 팬들을 찾아 약을 올려댔고, 그들의 씁쓸한 얼굴 앞에서 승자의 기쁨을 만끽하려 했다.

1998년 해태 타이거즈가 무려 14년 만에 포스트시즌 진출에 실패하며 생소한 가을풍경을 연출한 것은 몰락의 시작에 불과했다. 양대 리그로 운영되던 1999년과 2000년, 드림리그에 속해 있던 해태 타이거즈는 두 해 모두 리그 꼴찌로 내쳐졌다. 비록 현대와 두산, 롯데라는 당대의 강팀과 같은 리그에 속한 불운도 있었지만, 어쨌든 꼴찌라는 성적표는 만년 우승팀 해태 팬들에게 당혹스러울 수밖에 없는 것이었다. 1984년 이후로는 포스트시즌에 나가지 못한 것도, 5할 아래로 승률이 떨어진 것도 모두 처음 겪는 일이었다.

케냐의 초원에서, 때로는 얼룩말이 사자를 공격하는 광경을 볼 수 있다고 한다. 마침 무리하게 사냥을 하느라 그랬든, 암컷을 사이에 두고 벌어진 쟁탈전에서 다른 젊은 사자에게 물어뜯기고 내쫓겨서 그리 되었든, 깊은 상처를 입고 허둥대는 사자를 포착한 명민한 얼룩말이 들이 받고 뒷발로 내지르며 분풀이를 하는 경우가 있다는 것이다. 그리고 20세기의 끄트머리에 한국 프로야구에서는 이제

늙고 상처 입은 호랑이를 젊은 유니콘이 그 신통한 뿔로 들이받고 있었다.

인천야구는 삼미, 청보, 태평양 시절은 말할 것도 없고 현대로 옷을 갈아입고 당장 한국시리즈까지 치고 올라갔던 1996년과 97년까지만 하더라도 8승 10패와 6승 12패로 해태 타이거즈 앞에서 고양이 앞 쥐 신세였다. 그러나 98년에 드디어 11승 7패의 우세를 잡기 시작하더니 99년에는 11승 8패, 다시 2000년에는 무려 17승 2패로 박살을 내버리고 말았던 것이다. 해태 팬들도 연패의 악몽에서 벗어나기 위해 뜬 눈으로 몸 뒤척이는 밤을 보낸다는 사실은, 나에게 즐거움이었고 세상에 정의가 살아있음을 믿게 하는 근거였다.

내내 밑바닥에서 허공을 향해 빈 주먹질 하는 것만이 스포츠의 재미라고 생각했던 천민이 하루아침에 맨 꼭대기에 올라서 쿵쿵 발을 굴러대는 그 짜릿함. 그래, 다시는 저 밑으로 내려가지 말아야지. 다시는 이 승리의 쾌감을 양보하지 말아야지.

나는 애써 마음을 단단히 먹고, '돈으로 산 우승' 운운하는 것들을 만날 때마다 송곳니를 드러낸 채 으르렁거렸다. 괜찮다. 무슨 상관이냐. 프로는 원래 돈이다. 돈이 떨어졌거든 깨끗이 손을 털고 떠나는 게 이 세계의 윤리가 아니냐. 부도니 뭐니 불쌍한 척하면서 긴장만 떨어뜨리는 것들 때문에 승부의 신성성이 오히려 모독당하고 있다. 안되겠거든, 물 흐리지 말고 미련 없이 떠나야 한다.

나는 대한민국 1등 기업 현대가 삼미의 땅 인천에서 열어나갈 한국 프로야구의 백년왕국에 대해 일말의 의심도 가지지 않았고, 또 한 앞으로는 설움도 번민도 없이 당당히 현대 유니콘스의 팬임을 자랑하며 평생을 함께하겠노라 굳게 다짐을 하고 또 했다. 마치 잔업 철야 특근 안 거르고 외식 한 번 참으며 모은 돈으로 꼬박꼬박 은행통장에 쌓아가다 보면 조만간 중형 아파트에서 중형차 타고 골프장 다니는 세월이 올 거라고 믿고 살던, 1997년 가을의 어느 소시민처럼 말이다.

그러나 그로부터 고작 1년도 채 지나지 않은, 이듬해 겨울. 그 현대는 서울 입성을 선언했다. 그리고 인천은 버림받았다. 대한민국 1등 기업 현대가 백년왕국을 건설하기에 인천은 터가 너무 좁았던 것이다.

인천 팬들은 새로운 인천 팀이라고 깃발 날리며 입성한 SK 와이번스라는 팀을 보면서 어리둥절해야 했다. SK는 현대에게 연고지 인수의 대가로 54억 원을 이미 건넸다고 설명했고, 그 54억 원은 다시 서울 입성의 대가로 LG와 두산에게 27억씩 지불될 예정이라고 했다. 그 모든 과정이 마무리되도록 현대는 한 마디의 사과도, 해명도, 작별의식도 하지 않았다. 자신도 모르는 새 팔아넘겨진 느낌, 그리고 빚쟁이도 아닌 가족을 두고 야반도주한 아버지를 떠올리는 황망함을 지울 수 없었다.

1980년 5월 18일 광주에서의 학살극이 '국가권력이 필요에 따라서는 나에게 총구를 들이밀 수도 있다'는 싸늘한 깨달음을 주었다면, 1999년 초 현대의 인천탈출은 수많은 야구팬들에게 '구단도 저희들 사정과 필요에 따라서는 언제든 팬들을 버릴 수도 있다'는, 그리고 야구단에 있어서 팬들의 사랑이란, 사실은 그리 중요한 것이 아니라는 각성의 계기가 되었다.

내가 다시 한 번 진지하게, 이번만은 진짜라고 되뇌며 야구와의 이혼을 결심한 것이 그 해였고, 태평양과 청보와 삼미의 야구를 몸살 나도록 그리워하게 된 것이 그 두 해쯤 뒤였으며, 역시 사라지고 없는 해태 타이거즈의 야구를 난생 처음 그리워하게 된 것이 다섯 해쯤 뒤였다.

비즈니스로서의 프로야구

경제학자들은, 프로스포츠가 정착하기 위해서는 대략 1인당 국민소득이 2만 달러 정도는 돼야 한다고 말한다. 국민 대다수가 당장의 먹고 사는 문제에 얽매이지 않고 여가를 즐기는 일의 중요성을 인식하는 단계에 이르러 스포츠를 관람하며 즐기는 일에도 얼마간의 돈을 지출할 여유가 생기고서야 운동선수도 '운동으로만 먹고 사는 것'이 가능해진다는 것이다. 더구나 구기종목의 프로화는 선수 한두 명의 맨주먹이 움켜쥔 '헝그리 정신'을 팔아 6,70년대를 꽃피울 수 있었던 프로복싱이나 프로레슬링과는 차원이 다른 문제였다. 수십 명에 달하는 소속 선수들의 '생계'를 해결하는 것에서 나아가 만만치 않은 연습시설과 합숙시설, 체계적인 구단 관리비용까지 부담해야 하는 특성상 그만큼 든든한 사회적 배경을 필요로 하고 있기 때문이다.

그러나 우리나라에서 구기 종목의 프로화가 본격적으로 시작된 것은, 아직 1인당 국민소득이 2천 달러 선에서 맴돌고 있던 1980년대 초반이었다. 1982년 6개 팀으로 프로야구가 출범한 데 이어, 1983년에는 5개 팀으로 구성된 프로축구 '슈퍼리그'가 출범했던 것이다. 그러나 때 이른 출범이었음에도 불구하고 연일 관중석은 만원이었고, 열기는 뜨거웠다. 쿠데타를 통해 집권해 사회 전반의 권력을 단단히 틀어쥔 대통령 전두환의 의지와 전폭적인 지원이 없었다면 불가능한 일이었다.

바로 그것이 문제였다. 주머니를 열어 구단들을 먹여 살릴 돈줄(소비자)로서의 팬들이 아직 준비되어 있지 않았던 그 시절, 오로지 쿠데타와 광주민주화운동을 압살하며 흘린 핏자국을 깔끔히 지워내고 민심을 수습해야 한다는 정치적 필요에 의해 밀어붙이듯 출발한 프로스포츠는 애초부터 자생의 토대를 가지지 못하고 있었던 것이다.

1981년 8월, 청와대 교육문화수석비서관의 지휘 아래 본격적인 프로야구 출범 준비작업을 시작한 야구협회 전무와 운영부장 이용일과 이호헌(각각 뒷날 한국야구위원회의 초대 사무총장과 사무차장)은 "어린이에게 꿈을, 젊은이에게 낭만을"이라는 캐치프레이즈를 만들었지만, 어린이와 젊은이에게 나누어줄 꿈과 낭만의 값을 누구더러 치르라고 해야 할 것인지는 난감했다. 아직 형편없이 가난했고 각박했던 당시에 제 발로 나서 기꺼이 야구단 운영에 나서겠다는 이들이 있을 리 없었기 때문이다.

따라서 한 편으로는 '면세 혜택'이라는 대통령의 지원을 당근 삼아, 다른 한 편으로는 '각하의 뜻'이라는 말에 실린 은근한 위압감으로 채찍 삼아 재무구조가 튼튼한 대기업을 총수의 출신지역별로 나누어놓고 야구단 창단을 종용하는 것이 그들의 일이었다. 초대 한국야구위원회 총재 인선조차 서너 명의 후보자 명단을 청와대에 올려 직접 대통령의 낙점을 받은 국방부장관 출신의 예비역 대장 서종철로 결정될 정도로 프로야구 창설은 철두철미하게 정권의 손으로 이루어졌던 것이다.

그러나 당시 실업무대 최고의 선수였던 김봉연의 연봉에 10배를 곱한 것으로 추산해 '계약금 2천만 원과 연봉 2천4백만 원'으로 설정된 특급선수를 비롯한 2, 30여 명에 이르는 선수들의 연봉을 포함해 연간 7억 정도가 되리라고 예상되던 적자폭을 선뜻 감수하겠다는 기업이 많지는 않았기에, 준비작업은 난항의 연속이었다. 그러자 이미 '82년 창단 가능'을 대통령 앞에서 호언해왔던 실무자들은 부랴부랴 인맥을 동원하고 학맥을 동원해 물주를 찾아다녀야 했고, 결국 4개월만인 1981년 12월 11일에 6개 창단 기업 관계자들을 모아놓고 한국야구위원회 창립총회를 여는 데 성공하게 된다.

그 과정에서 창단 연고지의 선수층과 시장규모에 만족한데다가 든든한 재력까지 갖추고 있었던 삼성과 롯데와 MBC가 선선히 먼저 나서 대구–경북, 부산–경남, 서울에 안착했고, 한국화약과 동아건설이 차례로 고사한 대전은 '4년 후 서울 이전'을 약속받은 두산이, 삼양과 금호가 물러선 호남권은 전남야구협회 회장 김종태와 아마룻데 김동엽 감독의 고등학교 후배라는 인연으로 끌어들여진 박건배 회장의 해태제과가, 그리고 한국화장품과 한국전력이 난색을 표하면서 '사고지역'으로 분류되었던 인천, 경기, 강원 지역을 삼미라는 의외의 신진이 메우면서 6개 구단의 밑그림이 완성되었던 것이다(삼미그룹의 김현철 회장은 '미국 유학 시절 메이저리그에 심취했었다'는 이유로 자발적인 참여의사를 밝혀왔고, 그것은 프로야구 창설을 준비중이었던 실무자들에게도 의외의 희소식이었다).

뒤돌아보자면 경제학자들의 계산보다 26년 쯤 일렀던 프로야구의 출범, 그것은 항상 '의지'로써 '조건'과 '배경'을 앞지르고 선도했던 한국사회 역동성의 한 표현이었다. 그러나 그것은 동시에 그 '의지'가 흐려지는 순간에도 버텨나갈 자생력을 결여한 불완전성의 출발점이기도 했다.

2007년 겨울, 드디어 한국이 1인당 국민소득 2만 달러 시대에 바짝 다가서 있던 그 무렵, 역설적이게도 아직 강팀으로 분류되던

＊ 현대는 해체되던 2007년 말까지도 1998년 이후 4번이나 우승했던, 그리고 2006년에도 3위에 올랐던 전력을 그대로 보유하고 있었다.

멀쩡한 프로야구단* 하나가 새 주인을 찾지 못해 문을 닫는 사태가 벌어졌다. 바로 현대 유니콘스였다.

이제 사라져버린 '현대 유니콘스'라는 구단은 아마도 한국 스포츠의 역사에서 길이, 그리고 깊이 기억될 이름일 것이다. 98년부터 2004년까지 7년 사이에 네 번이나 우승을 차지한 강팀이었다는 사실 말고도 한국 야구사에 여러 가지 묵직한 발자국을 남겼기 때문이다. 그리고 1999년 전격적인 연고지 이전 발표를 통해 야구팬들로 하여금 '구단이란, 사정이 그렇게 돌아가기만 한다면 언제든지 팬들을 속인 채 떠나갈 수 있는 존재'라는 간단한 진실을 깨닫게 했다면, 2007년에는 해체와 소멸의 과정을 몸소 겪으며 '언제든지 프로구단이 사라지고, 줄어들 수도 있다'는 보다 묵직한 진실을 선수들, 그리고 구단들에게까지 각인시켰기 때문이다. 현대 유니콘스는 그저 오랜 세월 굳어지고 관성화되어 무뎌졌던 기형적인 현실을 드러내 보여준 날카로운 단면이었다.

지난 2008년, 한국의 8개 프로야구단은 평균 200억 원 가까운 돈을 지출했고, 15억 원 정도의 수입을 올렸다. 단순한 부실기업 정도가 아닌 '밑 빠진 독' 수준의 참혹한 실적. 그럼에도 불구하고 한 명의 자유계약선수 몸값으로 60억 이상을 지불할 준비가 되어 있는 것이 또한 오늘의 프로야구단들이기도 하다.

기업의 본질은 이윤 추구라는 교과서적 정의를 받아들이자면 프로야구단은 도저히 기업이라고는, 혹은 '프로'라고는 부를 수 없는 것들이며, 이해하기 어려운 현실이다. 그리고 그런 파괴적인 출혈에도 불구하고 관객은 10여 년 만에 반 토막이 나버렸고, 사람들의 관심도는 그 이하로 떨어져가고 있다. 그렇게 굴러온 것이 30년 가까워지며 그것 자체에 모두가 익숙해져있기도 하다. 거듭 '올 해만은 반드시 우승' 이라는 구단과 선수들의 독백만이 썰렁한 그라운드에서 메아리치는 현실. 한국 야구의 팬, 구단, 선수 모두가 통증 없이, 서서히 죽어가고 있는 현실. 바로 그 '현실'을 비로소 '현실감' 있게 느끼게 해준 것이 바로 '현대 유니콘스 소멸 사태'였던 것이다.

세계에서 가장 매력적인 대한민국 야구

IMF시대라고 흔히 부르는, 1998년 언저리의 한 철 이후 우리는 완전히 다른 시대와 세상을 살게 되었다. 더 이상 투지나 근성, 혹은 도전이나 믿음 따위 낭만적인 헛소리로는 넘어설 수 없는 객관적이고 냉정한 조건과 배경의 시대에 몸을 싣게 된 것이다. 언제나 세상만사의 배후였지만 한 번도 눈앞으로 드러나지 않았던 돈의 힘과 논리가 노골적으로 몸을 드러냈고, 되는 일은 어차피 되게 되어 있는 것이고 안 되는 것은 무슨 짓을 해도 안 되는 것임을 인정하게 되었다.

프로야구도 더 이상 예전의 마음 졸이던 야구가 아니었고, 이미 결정되어 있는 승부를 보기 위해 굳이 야구장을 찾는 것은 싱거운 일이 되어갔다. 프로 원년 6천 명으로 시작한 다음 꾸준히 상승곡선을 그려 95년에는 1만 명 선을 넘어섰던 경기당 평균 관중 수는, 2000년에 5천 명 밑으로 떨어졌고 2004년에는 4400명 아래로까지 내려가며 역대 최악을 기록했다. 그렇게 야구는 20세기의 유물로 넘겨졌다. 그리고 현대의 배신을 '울고 싶은 차에 맞은 뺨'이었다고 자위했던 나도 이번만큼은 지긋지긋하게 반복되어온 야구와의 별거와 재결합의 굴레를 벗어나 '쿨하게' 21세기를 살아갈 수 있으리라 생각했다. 위기는 곧 기회이며 한 번 머리가 되지 못하면 영원히 꼬리가 되어야 하는 시대라고들 하지 않았던가. 나도 구질구질한 20세기적 감상은 털어내고 21세기형 인간이 되어야만 했다.

21세기에 들어서고부터 한 5, 6년간 나는 단 한 번도 야구장을 찾지 않았다. 야구장 아니라 어디라도 나들이를 다닐 만큼 여유롭지 못한 삶 때문이기도 했다. 하지만 그보다도 패배감, 열등감, 절망감 같은 내 삶의 온갖 구릿구릿한 느낌들마다 하나하나 이어져 있는 것이 야구경기의 어느 장면들이었고 어느 야구선수에 대한 기억들이었기 때문이다. 그래서 야구 하나를 들어내는 것으로 나도 새 삶을 살 수 있을 거라 믿었기 때문이다.

아니, 굳이 고통스럽게 야구와의 인연을 끊어낼 필요까지도 없었다. 도무지 구김살이라고는 없는 듯 그저 호쾌하고 역동적이었던 메이저리그가 있었기 때문이다. 2000년에는 박찬호가 메이저리그에서 18승을 기록했고, 2002년에는 5년간 6,500만 달러라는 기록적인 액수의 대박계약을 맺을 만큼 절정기를 맞고 있었다. 박찬호의 선발등판 주기에 따라 닷새에 한 번 메이저리그 경기가 TV로 중계방송 되었고, 대한민국의 모든 야구팬들은 박찬호 덕분에 LA 다저스라는 일종의 국가대표팀 팬으로서 대동단결할 수 있었다.

이제 야구경기 보면서 피곤한 입씨름을 벌일 필요도 없었고, 장면마다 환호와 탄식을 나누며 괜히 으르렁거릴 이유도 없었다. 이제 더 이상 유중일과 이종범 중 누가 최고의 유격수이며 이정훈과 박정태 중 누가 더 악바리인지, 혹은 박노준과 손경수 중 누가 더 불운한지를 입 아프게 논할 필요가 없어진 것이다. 대신 다음 순간 박찬호가 던져야 하는 공이 슬러브인지, 체인지업인지, 혹은 라이징 패스트볼인지만 합의하면 될 일이었다.

어디서건 타이거즈 팬이든 자이언츠 팬이든 TV 앞에 함께 앉아 일치단결 어깨 걸고 함성을 지를 수 있었던 것도 색다른 즐거움이었다. 그리고 시도 때도 없이 펑펑 터지는 홈런 때문에 9회 말 투아웃 이후에도 긴장을 풀지 못하게 하는 역동적인 '빅리그' 야구의 맛을 배우기도 했다. 순전히 박찬호 덕분에, 나는 아주 무익하지는 않게 몇 년간 한국야구와의 별거기간을 보낼 수 있었다.

그 무렵 인천 팀을 응원해왔던 이들은 고통스런 번민과 선택을 강요받고 있었다. 미우나 고우나 현대 유니콘스인가, 아니면 새 술은 새 부대에 담는 기분으로 인천의 새 주인이 된 SK 와이번스에 정을 붙일 것인가. 물론 누군가 나에게 어느 야구팀을 좋아하느냐고 물으면, 그냥 'LA 다저스'라고 답하면 그만이었다. 혹은 이제,

야구를 보지 않습니다, 라고 답하면서 입을 막아버릴 수도 있었다. 그렇게 피해버리면 그만이고, 다 버리고 나면 그만이었다. 그런데 그게 그리 쉽지 않은 일이라는 사실은, 몇 해가 지나면서 깨달을 수 있었다. 마음속에서 오랜 세월 자라온 것을 잘라내는 것이 생살을 베어내는 것 못지않게 아프다는 것, 그리고 그 세월 동안 사랑에 미움과 연민이 섞여 옹이진 것이고 보면 잘라내려 해도 절대 잘라지지 않는다는 것을 말이다.

뒤늦게 간 군대에서 대형 군용트럭에 혼자 실려 겨울이면 체감온도가 영하 삼, 사십 도까지 떨어지던 동부전선 최전방 철책선 앞에 떨구어졌을 때, 고향 팀 삼성 라이온즈 대신 황량한 인천의 태평양 돌핀스에 내쳐졌던 경북고 출신 연습생 투수 최창호의 첫 해를 떠올리기도 했다. 그리고 제대를 하고 사회에 나와 막막한 심정으로 이력서를 뿌려대고 메아리 없는 전화기와 메일함 앞에서 손톱 물어뜯던 시절에는 저니맨* 최익성과 동봉철의 마음을 생각했다. 아쉽고 급한 마음을 노려 목돈으로 유혹하는 함정들을 만날 때면 장명부의 변화구를 맞이하는 타석의 장효조가 되어 끈질기게 공을 골랐고, 간신히 얻은 일자리에서 잘나가는 동료와 비교되며 열등감

* journey man. 우리말로 옮기면 '떠돌이'. 특히 야구에서는 트레이드를 통해 여러 팀을 전전한 불운한 선수들을 가리킨다. 최익성은 선수생활동안 7개 팀(삼성, 한화, LG, 해태, 기아, 현대, SK)의 유니폼을 입었고 동봉철도 5개 팀(삼성, 해태, LG, 한화, 쌍방울)을 경험했다.

과 자괴감에 빠질 때마다 김재박에 밀려난 정영기, 박진만에 밀려난 염경엽의 조용한 투혼을 생각했다.

그래서 여관방에서 밤새 방망이 휘둘렀던 장종훈의 마음으로 밤을 지새우며 무언가를 잡고 늘어졌고, 꼭 다시 한 번은 정상에 서고 말겠다는 이대진의 오기로 버티고 견뎌내자고 다짐하기도 했다. 야구는 수많은 선수와 관중들의 삶으로 엮인 모자이크였고, 나의 삶은 야구장의 풍경들로 엮인 모자이크였다.

아마도 내가 IMF라는 위기를 기회로 삼아 그 벽을 훌쩍 뛰어넘고 '럭셔리'하게 성공가도를 달리는 21세기형 신주류가 될 수 있었다면, 이야기는 달라졌을지도 모르겠다. 그러나 나는 인문학 전공 대학원생, 입시학원 강사, 작가 따위 시장가격 제로의 구질구질한 길에서 벗어나지 못했다. 나는 종종 삶의 경쟁에서 밀려 삼미의 18연패보다도 아득한 나락에 주저앉은 채 다음 달 생활비를 걱정하며 불면의 밤을 보냈다. 하지만 끝내 주저앉지는 말자고 스스로 다그쳤던 것은 18연패 아니라 36연패를 한 뒤에라도 경기는 계속되는 것이기 때문이었다.

그냥 주저앉아버리면 한 게임이라도 인심 쓰듯 적선하는 상대란 세상에 없는 법이며, 그나마 정신 차리고 덤벼들면 우승 못지않게 짜릿한 1승을 얻게 될 거라고 생각했기 때문이다. 그리고 혹 누가 시키지도 않은 일에 의욕을 가끔 부린 것은, 단 한 번 기회만 주어진다면 악전고투 끝에 4등으로 올라가 3등, 2등, 1등 팀을 차례로 잡아내고 우승하던 해태처럼 기어이 한 건 해낼 수도 있는 거라는 생각 때문이었다.

그 길에서 나의 패배와 불안을 위로하는 것은 삼미 슈퍼스타즈였으며 나에게 용기와 희망을 주는 것은, 기껏 해태 타이거즈였다. 나는 삼미 슈퍼스타즈의 기억으로 못난 나 자신을 용서하며 감싸안았고, 해태 타이거즈의 기억으로 이를 악물고 보다 높은 곳을 꿈꾸며 걸었다.

그래서 나는 메이저리그 경기가 방송되는 TV 앞을 떠나 다시 조웅천과 이대진이 있는 야구장으로 갔다. 그리고 지금 다시 생각하건대, 세계에서 가장 매력적인 야구를 볼 수 있는 것은 단연코 대한민국이다. 비록 한 시즌 내내 담장을 30개도 못 넘긴 타자가 홈런왕이 되고 1회 초에도 선두주자만 출루하면 희생번트를 보게 될 확률이 절반 가까운 수준임에 분명하지만 말이다. 왜냐하면 한국에는 뉴욕 양키스도 없고 요미우리 자이언츠도 없기 때문이다.

경제력과 정치력과 그것에 기반한 성적과 팬들의 성원까지, 모든 면에서 '중심'을 차지하는 도도하고 우아한 한 팀과 그들에게 맞서는 고만고만한 '주변'의 거친 도전. 그것이 미국과 일본 야구의 드라마다. 그래서 양키스와 요미우리의 팬들은 승리의 희열을 독점하고 보스턴과 한신의 팬들은 도전의 결기를 독점하며 각각 주류와 비주류로서 자기정체성을 비추어 보게 된다.

그러나 한국 야구는 다르다. 거의 해마다 팬들에게 단순한 '꼴찌'

이상의 비애를 맛보게 했던 나의 사랑 삼미와 후계자도 없이 증발해버린 쌍방울은 물론이고 막강한 정치력과 자금력을 가지고도 항상 슬픈 골리앗 역을 맡아주었던 무관의 제왕 삼성, 서울을 연고지로 가졌지만 별 볼 일 없었던 LG와 두산, 그리고 가장 많고 열성적인 팬을 가졌지만 그들에게 짙은 한만 쌓아준 롯데. 그리고 그 시절 '대한민국의 양키스, 혹은 요미우리'라고 믿어왔던 9회 우승의 해태 타이거즈마저 IMF의 직격탄을 맞고 한 순간에 무너져버리며 깊은 상처를 주고 사라진, 저마다 한과 꿈과 좌절과 낙담의 역사 속에서 웃음과 눈물을 함께 떠올리게 하는 고만고만한 난장이들의 모자이크. 중심이 없는 주변들의 세계. 그래서 저마다 한 편으로는 각자 경험했던 승리의 위대함으로 우열을 다투다가도 때로는 반대로 각자 감내해야 했던 뼈아픈 굴욕과 비애를 가지고 순위를 가리려는 팬들의 사회. 당장은 티격태격하면서도 한 세월 지나 떠올리면 서로를 동정하고 공감하며 함께하고 나눌 것이 있는 이야기 덩어리.

그래서 꼴찌 팀 삼미의 옛 팬이 오늘 해태 타이거즈를 그리워한다. 강자였지만 약자의 방식으로 싸웠고 승자였지만 패자들의 사랑을 받았던 팀. 그래서 약자와 패자들도 얼음 계곡물에 몸 한 번 담그고 정신 바짝 차리면 강자의 발목이라도 한 번 물어뜯을 수 있다고 악을 쓰며 항변하는 듯했던 그 몸짓들을 그리워한다. 그래서 전라도라는 이유로, 빨갱이라는 누명으로, 혹은 이런저런 이유로 눌리고 밟히면서도 고개 빳빳이 쳐들고 일어섰던 해태 타이거즈의 기억을 빌어 돈이 없다는 이유로, 재능이 없다는 이유로 밀쳐지고 떠밀려지는 세상에서 포기하지 않고 살아갈 용기를 얻는다.

그래, 물론 지금 우리는 해태 타이거즈가 싸웠던 것보다도 훨씬 능글맞고 쌀쌀맞은 21세기, 그 중에서도 해태 타이거즈마저 휩쓸고 가버린 IMF의 유산 신자유주의의 세상을 살아가고 있다. 그러나 어쩔 것인가. 그래도 노리고 휘두르면 선동열을 상대해서라도 1할 7푼을 칠 수 있지만, 포기하면 18연패 끝에라도 구원받는다는 보장이 없지 않은가.

지은이 · 김은식

1973년 충북 음성에서 태어나 대학에서 정치학과 사회학을 공부했고, 월간 〈우리교육〉과 인터넷신문 〈오마이뉴스〉를 비롯한 여러 매체에 글을 쓰고 있다. CBS 라디오 '파워스포츠'에서 80~90년대 한국 프로야구의 스타들을 재조명하는 '야구의 추억'을 방송했으며, 〈오마이뉴스〉와 인터넷 포털에 같은 제목의 글을 연재했다. 지은 책으로는 《맛있는 추억》 《장기려, 우리 곁에 살다 간 성자》 《야구의 추억》 등이 있다.